AI와 건물 소방안전

AI문고

인공지능 시대입니다. 기계가 인간의 인지를 대신하고, 사물이 인간을 통하지 않고 다른 사물과 직접 커뮤니케이션합니다. 이에 따른 인간 삶과 문명 변화를 정확히 이해·예측·대응하는 것은 이 시대 우리 모두의 과제입니다. AI문고는 인공지능 기술과 환경의 여러 주제를 10가지 키워드로 정리합니다. 관련 개념과 이론, 학계와 산업계의 쟁점, 우리 일상의 변화를 다룹니다. 인간과 기술의 현재, 미래를 세심히 분석합니다.

일러두기

- 인명, 작품명, 저서명, 개념어 등은 한글과 함께 괄호 안에 해당 국가의 원어를 병기했습니다.
- 외래어 표기는 현행 어문규정의 외래어표기법을 따랐습니다.

처음이세요?

전문가세요?

AI와 건물 소방안전

김종훈

대한민국, 서울, 커뮤니케이션북스, 2025

AI와 건물 소방안전

지은이 김종훈
펴낸이 박영률

초판 1쇄 펴낸날 2025년 9월 23일

커뮤니케이션북스(주)
출판 등록 2007년 8월 17일 제313-2007-000166호
02880 서울시 성북구 성북로 5-11
전화(02) 7474 001, 팩스(02) 736 5047
commbooks@commbooks.com
www.commbooks.com

ISBN 979-11-430-0831-2 03500

책값은 뒤표지에 표시되어 있습니다.

차례

안전한 삶을 위한 건물 소방안전의 진화

"미안해요 데이브. 유감이지만 나는 그렇게 할 수 없을 것 같습니다(I'm sorry Dave, I'm afraid I can't do that)."

이 대사는 SF영화 중 역사상 최고의 걸작 중 하나로 불리우는 스탠리 큐브릭(Stanley Kubrick) 감독의 1968년 영화 〈2001: 스페이스 오디세이(2001: A Space Odyssey)〉에 나온 인공지능 시스템 할(HAL) 9000의 대사다. 영화는 AI가 스스로 판단하고 행동하게 되는 경우 일어날 재앙에 대해 잘 묘사하고 있다. 목성을 향하는 우주선에서 항해와 승무원의 안전을 책임지는 할은, 인간이 제작한 훈련된 AI 시스템으로 주어진 업무에 충실했다. 하지만 문제가 있음을 의심한 데이브가 자신을 제거하려고 하자, 이를 막으려 승무원들을 살해하기 시작한다. 약 50년 전에 영화에서 그려졌던 AI의 문제는 지금 우리가 AI에 깊은 두려움을 가지게 된 원인 중 하나다.

최근 우리는 매체들을 통해 AI와 로봇의 놀라운 기술 발전 소식과 동시에 이들의 도입으로 많은 것이 변하고,

많은 직업에서 인간이 대체될 것이라는 경고를 받고 있다. AI 시스템과의 경쟁에서 밀려 실직과 가난으로 고통받는 어두운 삶에 처한 인류, 이를 넘어 스스로 생각하고 판단하는 AI에 의해 멸종 위기에 처하게 되는 인류는 더 이상 할리우드 영화의 이야기로만 볼 수 없는 상황이다.

'이런 일이 현실이 된다면 어떻게 살아가야 하는가'라는 질문을 스스로에게 해야 할 시점이다. 이러한 상황에서 우리는 AI 기술 발전이 소방에 어떤 변화를 가져올 것이며, 어떻게 대응해야 할 것인지 고민할 필요가 있다.

소방에 대한 이야기에 앞서 지금까지와 미래의 AI에 대해 이야기해 볼 필요가 있다. 저자는 전화기로 컴퓨터 통신을 할 수 있다는 것을 알고, 모뎀을 통해 PC통신 서비스에 처음 접속했던 그날을 기억한다. 천리안 서비스의 채팅방에서 많은 사람들과 문자로 대화를 시작했을 때의 경험은 정말 충격이었다. IT는 끊임없이 발전했다. 전화선에서 초고속 인터넷 망으로, 넷스케이프와 익스플로러에서 에지와 크롬으로, 워크맨에서 MP3플레이어, MP3플레이어에서 스마트폰으로 변하면서 현재로 도착했다. 사용자 입장에서 더 이상 큰 기술적 충격은 없을 거라 생각했다. 사람처럼 대화가 가능한 챗GPT가 나타나기 전까지는 말이다.

AI 기술의 진화와 구분

얼마 전까지도 AI란 단어가 그렇게 첨단화된 기술적 이미지를 가지고 있지 않았다. IT 업계의 마케팅 용어로서도 괜찮다고 보기엔 무리가 있었다. 사실 AI는 생각보다 오랜 역사를 가지고 있다.

인공지능의 역사를 보면 한국전쟁으로 많은 이들이 고통을 받던 시기인 1950년대에 인공지능(AI, Artificial Intelligence)이란 용어가 최초로 사용되었고, 튜링 테스트를 제안한 것으로 유명한 앨런 튜링(Alan Turing)도 활동했다(기획재정부, 2025). 이후 시간이 지나 규칙 기반 시스템(Rule-based System)이 나타나면서 전문가 시스템(Expert System)으로 고도화되었고, 불확실하거나 모호한 정보 처리를 위한 퍼지 시스템(Fuzzy System) 등이 나타났으나, 사용자는 세탁기나 에어컨의 마케팅 문구에서나 볼 수 있었다. 플로차트(Flowchart)로 시스템의 구조를 설계하고 표현이 가능했던 이들 시스템은 향상된 제품의 개발과 서비스 제공을 가능하게 했다.

'IF-THEN-ELSE'로 표현 가능한 규칙 기반 시스템은 사람들의 직관적 이해가 가능한 범위에 구조와 동작의 흐름이 있었으며, 지금도 산업 자동화, 공정 제어, 서비스 로직 등 다양한 분야에서 활용되고 있다. 이러한 규칙 기반 시스템의 출현 이후 특별한 발전이 없다가, AI의 영역에 학습이 도입되면서 새로운 발전이 시작된다. 이른바 머신러닝(Machine Learning) 도입 후 진화한 딥러닝(Deep Learning)이 출현하고, 빅데이터(Big data)와 클라우드컴퓨팅(Cloud computing)을 기반으로 대규모 언어 모델(LLM, Large Language Model)로 이어진다.

몇 가지 중요한 시스템에 대해 알아보자. 규칙 기반 시스템은 초기 AI로 특정 작업에서 결정이나 추론을 수행하기 위해 사전에 정의된 규칙이나 조건을 사용하며, 'IF-THEN'의 규칙으로 구성되어 있다(위키독스, 'Rule-based system'). 전문가 시스템은 인간이 특정 분야에 대해 가지고 있는 전문적인 지식을 정리하고 표현해 컴퓨터에 기억시킴으로써 일반인도 이 전문 지식을 사용할 수 있는 시스템으로 규칙 기반시스템의 발전된 형태라고 볼 수 있다(위키백과, '전문가 시스템').

1990년경에 가전제품 부문에 '퍼지(Fuzzy)'라는 마케팅 용어가 등장했다(한겨레, 2023). 퍼지는 어렴풋하고 애매모호하다는 뜻으로, 애매모호한 인간의 언어를 컴퓨터 언어로 표현하고자 한 이론이다. 자동제어에서는 '경계가 불명확한'이라는 의미로 이해될 수 있다. 퍼지 논리(Fuzzy logic)는 애매한 정도를 처리할 수 있는 논리를 전문가 시스템과 결합해 전문가의 지식을 퍼지 규칙으로 표현하고 이를 기반으로 추론을 수행할 수 있다. 이러한 퍼지 이론은 현재도 일반적인 자동제어에서 광범위하게 사용되고 있다(위키백과, 2025). 이러한 퍼지 시스템은 초기 AI의 형태로 받아들여지고 있다.

머신러닝은 1959년도에 나타난 용어로, 컴퓨터를 프로그래밍하는 대신에 데이터를 통해 학습하고 경험을 토대로 하도록 훈련시켜 추론시스템을 구현하는 기술이다. 딥러닝은 인공신경망(Artificial Neural Network)을 여러 계층으로 쌓아 AI를 만드는 머신러닝의 한 종류라고 할 수 있다(코드스테이츠, 2022).

LLM은 방대한 양의 텍스트 데이터로 사전 학습된 초대형 딥러닝 모델이며, 트랜스포머 신경망이 기반이다. 사람처럼 자연어를 이해하고 생성할 수 있는 AI 모델이다. LLM은 언어로 소통할 수 있는 컴퓨터 시스템이 구현되었다고 할 수 있으며, 인간의 언어 형태로 입력된 내용을 기반으로 대화, 이야기, 이미지, 동영상, 음악 등 새로운 콘텐츠와 아이디어를 생성할 수 있는 콘텐츠를 생성형 AI(Generative AI)로 연결됐다.

AI의 실행 영역에 따른 구분도 알아보자. 우리가 현재 사용하는 다수의 LLM AI는 클라우드 AI(Cloud AI)로 구분할 수 있으며, 클라우드로 데이터를 전송하고 컴퓨팅 자원을 활용해 서비스를 제공받는 방식을 채택하고 있다. 이와 반대되는 개념으로 온디바이스 AI(On-device AI) 또는 에지 AI(Edge AI)는 휴대폰 또는 노트북과 같은 전자기기에 NPU(신경망 칩)을 설치해 인터넷 연결을 하지 않아도 생성형 AI를 구동할 수 있게 만드는 기술이다(Clunix, 2024).

AI 기술의 미래

현재의 AI는 어떻게 변화해 갈 것인가? 아마도 두 가지 큰 방향이 있을 것으로 판단된다. 하나는 AGI(artificial general intelligence, 일반 인공지능)로의 발전이다. AGI는 "일반적인 지식을 습득, 조작, 추론할 수 있으며, 인간의 지능이 필요한 산업의 모든 단계에서 사용할 수 있는 인공지능"이라는 마크 구브루드(Mark Gubrud) 교수의 정의가 인용되기도 한다(이재성, 2024). AGI가 인간의 지능의 10배 이상의 능력이라면, 100배, 1000배 넘는 수준의 ASI(Artificial Super Intelligence)도 등장할 것이라는 이야기도 되고 있다(한상기, 2024).

이러한 AI의 발전과 함께 주목할 점은 로봇, 특히 휴머노이드에 대한 AI의 탑재다. 이는 AI가 물리적 수단을 가지게 됨을 의미한다. 상상에서나 가능하던 인간의 말을 이해하고, 인간처럼 행동하는, 진짜 인간과 같은, 아니 인간보다 더 많은 능력을 가진 존재의 출현이 그리 머지 않은 것이다. ASI를 향해 발전되어 가는 AI와, 경쟁적으로 개발되는 로봇들을 보면 영화 속 할9000과 스카이넷의 출연이 그저 할리우드의 이야기만이 아님을 느낀다. 이미 전쟁터에는 로봇과 드론이 활약하고 있다.

AI와 함께해야만 하는 미래

챗GPT로 시작된 LLM의 등장은 많은 이들에게 큰 충격으로 다가왔다. 처음에 사람들은 지금까지 보지 못한 인간 수준의 대화가 되는 새로운 존재에 대한 놀라움과 감탄을 표현했다. 하지만 AI와 휴머노이드의 기술 발전을 보면, 인간에 대한 심각한 위협으로 느껴질 정도다.

연일 다양한 매체는 새로운 개발 기술 소식과 동시에 교육, 의료, 법률, 디자인, 행정 등의 다양한 분야에서 AI가 인간을 대체할 것이라는 경고를 하고 있으며, 우리는 암울한 미래 전망으로 불안해하고 있다. 이제는 실직이 아니고 생존을 걱정하는 시대도 오는 것일까?

아마도 이러한 미래를 간접적으로 보고 싶은 사람들에게 〈디트로이트: 비컴 휴먼(Detroit: Become Human)〉

이라는 게임을 추천한다. 게임이 어려운 독자들은 유튜브 채널에서 영상을 찾을 수 있다.

2038년, 미국 디트로이트가 배경이며, AI와 로봇 기술의 발전으로 인간과 거의 구분이 안 되는 AI가 탑재된 로봇인 안드로이드가 사회 전반에 보급된 상황이다. 인간에게 복종하도록 만들어진 AI가 점차 자아를 가지게 되고, 인간과 또 다른 종으로서 인정받기 위한 이야기들을 다루고 있다. 게임에서는 안드로이드로 인해 실직 문제가 중요한 인간과 AI 사이의 갈등이 요소로 등장한다. 실직자의 증가, 빈부격차의 심화, 안드로이드에 대한 분노, 인간의 시위, 폭동, 안드로이드 파괴 행위 등이 보인다. 필자는 이 게임의 내용을 보면서 다른 사이버펑크 영화나 애니메이션을 봤을 때보다 많은 생각을 하게 되었다.

인간은 AI를 제어하기 위해 어떤 수단을 가지고 있을까? 말 안 들으면 폭발하거나 프로그램이 삭제되는 킬스위치(kill switch)를 심어 놓아야 할까? 여기에는 AI 정렬(AI Alignment)이라는 대책이 있다. AI는 선함이나 윤리의 개념이 없기 때문에 인간의 통제를 벗어나거나, 인간 기준에서 잘못된 행동을 할 수 있다. 인간을 만족시키기 위해 거짓 정보를 사실처럼 제시하는 AI 환각(Hallucination) 등도 대표적인 사례다. 또한 문제가 있는 학습 자료에 따른 편향(Bias), 잘못된 의도를 가진 인간에 의한 강화학습(RLHF, Reinforcement Learning from Human Feedback) 등도 비윤리적인 결과를 만들어 내는 원인이 될 수 있다.

AI 정렬은 인간이 원하는 일을 AI가 하도록 만드는 것이며, 의도된 과업 수행에서 잘못된 수단을 선택하지 않도록 하는 작업을 말한다. 이를 통해 AI가 인간에게 위해를 가하지 않도록 할 수 있다고 이야기하고 있다. 하지만 이러한 안전장치가 해제되는 위험한 상황은 AI보다는 인간에 의해 발생하지 않을까 걱정이다.

공동지능으로 인정해야 할 AI

필자는 집필을 준비하면서 부족한 지식을 채우기 위해 몇 권의 책을 읽었다. 그중 가장 인상적인 책은 《듀얼브레인》(이선 몰릭, 2024)이었다. AI와 함께 살아가야 하는 인류에 대한 생각을 잘 정리하도록 도와준 책이다. 제목인 "듀얼브레인"은 우리가 AI를 어떤 존재로 생각해야 할지를 잘 나타낸 단어라 생각한다.

AI는 단순한 도구가 아닌 우리의 공동지능(Co-Intelligence)으로 받아들여야 한다. 인간의 사고를 강화하거나 대체할 수 있는 기술을 목적에 맞게 윤리적으로 적절하게 활용해야 하며, 이를 위한 능력을 키워야 한다. 앞으로 인간의 역할은 AI를 활용하고, 결과를 검증하며, 책임을 지는 것이 될 것이다.

그리고 앞으로의 전문 교육도 각 분야에서 상황에 맞게 AI를 활용하고 이를 검증할 수 있는 능력을 키우는 방향으로 발전할 것이다. 이 내용은 소방 분야의 사람들이 AI를 어떻게 받아들여야 하는지 기본 방향 설정에도 적용할 수 있다.

대한민국의 소방 시스템

앞서 AI 이야기를 한 이유는 독자들이 AI에 대한 지식을 점검하여, 건물 소방안전과 AI에 대한 내용을 좀 더 흥미롭게 들어 주었으면 하는 바람 때문이다. 독자들의 충분한 이해를 위해 추가로 대한민국의 소방에 대한 것도 이야기할 것이다. 이 글을 읽는 독자가 대한민국 소방을 잘 알지 못할 수 있기 때문이다.

대한민국에서 소방은 정부가 제공하는 중요한 공공서비스 중 하나라는 인식이 매우 강하다. 아마 우리가 정부로부터 받을 수 있는 실질적인 서비스 중 하나라고 생각하기 때문이다. 그래서 많은 사람들이 범죄가 아닌 조금이라도 위험한 상황이면 바로 전화기를 들어 119를 눌러야 한다고 생각한다. 심지어 집의 문을 잠그고 열쇠를 잃어버려도 119에 전화를 했다. 대한민국에서 소방은 정부가 제공하는 중요한 대국민 안전 서비스이며, 소방과 관련된 사항은 대부분 행정부, 특히 소방청과 관련되어 있다.

대한민국의 소방은 「소방기본법」으로 출발되는 법적 체계를 기반으로 한다. 소방 관련 법에서 행정부의 소방에 대한 사항을 규정하지만, 민간 부분의 소방에 대한 사항도 포함하고 있다. 화재 부분에서 소방 조직의 관여 범위는 화재의 예방, 대응이라는 두 부분으로 구분할 수 있다. 일반인들이 생각하는 소방은 관 주도적인 부분들이 대부분이겠지만, 민간의 영역도 상당히 크다. 특히 예방과 초기 대응 부분은 민간 주도로 넘어간 지 오래다.

소방의 예방은 소방안전관리자 제도 등이 대표적이며, 「소방시설법」을 통해 화재의 발생 감지와 초기 진압 시설의 설치 및 유지관리에 대한 사항을 민간에 제시하고 있다. 민간은 제시된 사항을 준수하면서 소방의 예방과 초기 대응에 관련된 사항을 수행하고 있다. 행정부는 예방과 초기 대응에 관여를 최소화하고, 본격 현장 대응 중심으로 체계를 구축하고 있다. 그러므로 모든 건축물의 화재 예방과 초기 화재 대응은 민간의 영역이며, 예방과 초기 화재 대응의 실패 시 국가는 '소방력'을 동원해 피해를 최소화하기 위한 역할을 수행한다.

대한민국의 건물 화재 안전이라는 측면으로 보면, 제도적으로 소방법과 건축법이 큰 비중을 차지하고 있다(현재는 국토교통부가 건축법의 소관 부처다). 즉 건물의 소방에 대해서는 소방청이 거의 모든 부분을 담당하지만, 건축 관련된 부분은 국토교통부가 담당하고 있다. 철도 원자력 등 특정 분야는 소방과 연계한 특징적 안전체계를 구축하고 있는 경우도 있다. 즉 건물의 화재 안전은 다양한 분야와 관련되어 있다는 점을 이야기하고 싶다.

안전한 삶을 위한 건물 소방안전의 진화

우리가 일상을 살아가는 건물의 소방에 대해 AI는 어떻게 영향을 주게 될지, 이 변화 속에서 우리는 무엇을 해야 하는지 이야기하고 싶다. 이 책에서 말하는 건물이란 우리가 거주하게 되는 공간을 포함한 구조물을 말한다. 건물에서의 소방안전이란 건물 내에서 발생하는 화재로 인한 인명과 재산 피해를 방지하는 것을 의미한다.

AI 기술은 분명히 건물의 소방안전을 변화시키고, 더 나은 예방, 예측, 대응을 가능하게 할 것이다. 인지 확장,

예측 보완, 대응의 높은 신뢰성과 신속함을 가져올 것이며, 이는 인명과 재산 손실의 감소로 연결될 것이다. 우리가 만나고 있는 변화, 만나게 될 변화 속에 우리의 역할은 무엇인가? 어쩌면 이 책을 통해 독자들이 고민해 보고 싶은 내용일지도 모르겠다. 이 책은 그러한 고민에 가이드가 되고자 한다.

이 책에서는 소방관의 행정 영역의 소방, 본격 현장 대응이나 화재 조사, 소방관의 예방 활동 등에 대한 사항을 포함하지 않았다. 이는 현장 경험과 전문성을 갖추고 AI 분야를 탐구하고 있는 소방관의 설명이 더 적절해서다. 소방청도 '2050 소방미래보고서'를 발표하면서 향후 소방의 발전 방향에 대한 비전과 목표를 제시하고 있다(소방청, 2024). 이러한 이야기들은 소방관의 관점에서 이야기되는 것이 좋을 것이다.

민간 영역의 건물 소방안전에서 AI의 도입과 활용에 대한 부분을 중심으로 집중하고자 한다. 그리고 이 책에서는 미국 소방기술인협회(Society of Fire Protection Engineers) 산하기관인 SFPE 재단에서 발표된 "Grand Challenge Initiative(중대 도전 과제 이니셔티브)"의 백서인 디지털화, 인공지능, 사이버 보안의 내용을 참고했다. 이 백서는 공정성, 설명 가능성, 책임, 개인정보 보호, 안전성, 인간의 감독, 인류에 대한 이익이라는 7가지 핵심 원칙을 강조하고 있고, AI가 단순히 기술이 아닌, 사람의 삶과 직접 연결된 도구임을 보여 주며, 건물 소방 안전에 적용될 때도 마찬가지로 중요하게 고려돼야 한다고 주장한다, 아울러 향후 10년간의 기술 발전에 대한 내용을 다루고 있다(SFPE, 2023).

독자들이 반드시 알아야 할 것은 이 책이 쓰이는 시점에서의 AI 수준이다. AI 분야는 너무나 빠르게 변화하고 있어서, 현재 상황을 언급해 놓지 않는다면 독자들이 이 책에서 뒤처진 기술을 앞선 기술처럼 이야기하는 것으로 오해하는 것도 가능하다. 왠지 미래의 사람들에게 메시지를 남기는 묘한 기분이다. 이 책을 쓰고 있는 현재는 챗GPT를 사용한 지브리(Ghibli) 프로필 사진 만들기 열풍이 막 지나가고 있는 중이다. 그리고 한국에서는 뒤처진 AI 기술을 따라잡기 위해 사회적 의지가 모이고 있는 시점이기도 하다.

이 책은 소방 분야 전문가, 연구자, 개발자, 엔지니어는 물론 건축, 전기, 기계, 환경, 정책, 기술 등 다양한 분야에서 일하는 사람들과 소방안전에 관심 있는 일반 독자들을 위해 쓰였다. 이들에게 AI의 발전이 건물 소방안전의 미래에 어떤 변화를 가져올지 이야기를 하고 싶었다. 이 책의 내용이 독자 여러분에게 AI 시대의 소방안전을 어떻게 준비할 것인가에 대한 생각의 출발점이 되어 성공적으로 적응하는 데 조금이나마 도움이 되었으면 하는 바람이다. 그럼 기존 건물 소방안전 시스템을 AI가 어떻게 바꾸어 나갈지 하나씩 살펴보자.

참고문헌

기획재정부(2025.5.8). 시사경제용어사전인공지능(AI: Artificial Intelligence).
https://www.moef.go.kr/sisa/dictionary/detail?idx=2046

소방청(2024.12). "2050 소방미래비전보고서".

시사경제용어사전. "인공지능(AI: Artificial Intelligence)".
https://www.moef.go.kr/sisa/dictionary/detail?idx=2046

이선 몰릭(2024). 《듀얼브레인》. 신동숙 옮김. 상상스퀘어.

이재성(2024). 《AGI, 인공일반지능의 이해》. 커뮤니케이션북스.

위키독스. "Rule-based system (규칙 기반 시스템)".
https://wikidocs.net/222637

위키백과. "퍼지논리".
https://ko.wikipedia.org/wiki/퍼지_논리

위키백과. "전문가 시스템".
https://ko.wikipedia.org/wiki/전문가_시스템

코드스테이츠(2022.7.11). "인공지능·머신러닝·딥러닝 차이점은?".
https://www.codestates.com/blog/content/머신러닝-딥러닝개념

한겨레(2023.10.21). "'어렴풋함'을 숫자로… 30년 전 '퍼지 세탁기'의 빨래 비법".

https://www.hani.co.kr/arti/science/technology/1113026.html

한상기(2024). 《AGI의 시대: 인간을 초월한 인공지능, AGI를 논하다》. 한빛미디어.

Clunix(2024.2.14). "[IT TREND] 온디바이스(On-Device) AI란 무엇일까". https://www.clunix.com/insight/it_trends.php?boardid=ittrend&mode=view&idx=755

SFPE foundation(2023). *The Grand Challenges Initiative(GCI) Digitalization, Artificial Intelligence, & Cybersecurity(White Paper).* Society of Fire Protection Engineers.

01

건물 소방안전의 새로운 세대

인류는 오랫동안 화재로 아픔을 겪어 왔고, 문명의 발전과 함께 이에 대한 대응도 진화해 왔다. 그러나 현대 사회의 급격한 변화 속에서 화재의 위험은 급격히 커지고 있으며, 우리의 대비는 한계를 드러내고 있다. 이제 우리는 새로운 파트너, AI와 함께 이 한계를 넘어 소방안전의 새로운 시대로 나아가야 한다.

AI와 1인 창업?

건물 소방안전의 목표와 전략

소방에서 AI의 역할을 알아보기 위해 먼저 현시점에서 소방이 갖추고 있는 체계에 대한 지식이 필요하다. 이를 위해 건물 화재 안전의 목표와 전략, 그리고 이를 구현하기 위한 시스템을 알 필요가 있다. 소방의 목표는 사람의 생명을 구하고 재산을 보호하는 것으로 국내 소방법에 제시돼 있다(소방청, 2024).

여기에 도달하기 위한 전략은 미국 방화협회(NFPA)의 '화재 안전 개념 수목에 관한 지침(NEPA550, Guide to the Fire Safety Concepts Tree)'에 체계적으로 설명되어 있다. 주요 전략은 화재안전의 대책을 화재 발생 억제(예방)와 화재 피해 최소화(대응)로 구분해 제시하고 있다(NFPA, 2022). '피해 최소화'라는 개념이 등장하는 이유는 화재의 발생은 필연이며, 발생할 경우 어떻게 손실을 최소화할 것인가 하는 것이 소방의 전략과 시스템 구성의 핵심 전제이기 때문이다.

화재 발생에 대한 대책 수립은 크게 4단계로 구체화할 수 있으며 재난 관리의 단계와 동일하다. 4가지 단계는 예방(mitigation), 대비(preparedness), 대응(response), 복구(recovery)다. 예방과 대비는 재난의 발생 이전, 대응과 복구는 재난의 발생 이후의 단계다(채진, 2025).

화재의 경우 예방은 화재가 발생하지 않도록 주의하는 활동, 대비는 화재 발생 시 초기 진압과 피난에 대한 교육과 훈련을 말하며, 대응은 화재가 발생한 이후 감지, 자동 또는 수동 진압, 피난 유도 및 보호 제공, 화재 피해 최소화를 위한 구획화 등이 해당한다. 복구는 화재 발생 이전 상태로의 회복과 피해 보상 등이 포함된다.

소방 대응, 국가와 민간의 분담

소방의 대응 의무는 국가와 민간에서 나누어 분담하고 있다. 대한민국에서 소방은 국가가 국민에게 제공하는 중요한 행정 서비스이지만, 국민 스스로 수행해야 할 영역과 국가가 행정적으로 지원하는 영역이 공존해 있다.

이유는 화재의 발생 시 행정력이 적용되는 데 어느 정도 시간이 필요한데, 화재의 특성상 이 시간 동안 큰 피해가 발생할 수 있어서다. 이를 방지하기 위해 민간 스스로 초기 대응과 피난의 영역을 담당하고, 초기 대응 이후 화재가 지속되고 피난에 실패한 사람이 있는 경우 소방대가 출동하여, 진압과 구조를 수행하도록 하고 있다. 그러므로 민간은 초기 대응을 위한 화재의 감지, 진압, 피난을 위한 시설을 갖추고 관리하고, 점유자 관리자 수요자를 포함하는 관계인의 교육과 훈련을 법으로 요구하고 있다. 민간이 해야 할 소방법상의 의무를 잘 수행하는지는 소방행정으로 관리하고 있다.

여기서는 건물의 소방안전과, 주로 민간에서 수행하는 초기 대응과 AI 역할에 대해 이야기할 것이다. 민간이 담당하는 초기 대응 부분은 AI 기술로 더욱 신속하고 체계적으로 개선될 가능성이 크다.

능동적 방호와 수동적 방호

소방에서 능동적 방호(Active fire protection system)와 수동적 방호(Passive fire protection system)는 화재를 방어하기 위한 시스템의 구조를 이해하는 데 필수 개념이다. 먼저 능동적 방호는 화재를 감지하고 대응해 피해를 최소화하는 시스템이다.

능동적 방호는 자동적 대응과 수동적 대응으로 구분하며, 건물의 규모에 따라 수동적 대응 중심에서 자동적 대응 중심의 시스템으로 변화된다. 먼저 화재 발생은 사람이나 열, 연기 감지기를 사용하는 자동 화재 탐지 설비 등으로 발견할 수 있다. 그리고 화재가 발생한 후 이를 진압하기 위해 소화기, 옥내소화전, 옥외소화전 등이 준비되어 있다. 사람에 의한 대응이 원활하지 않은 장소에는 자동식 소화설비인 스프링클러나, 물의 사용이 어려운 일부 용도를 위한 이산화탄소 소화설비 등이 설치된다. 또한 피난과 소방대 활동에 도움을 주는 제연설비도 포함된다.

수동적 방호란 초기 감지와 초기 진압에서 실패한 경우, 화재와 연기를 가두어 피해가 번지는 것을 막기 위한 것으로 방화구획, 내장재 불연화 등이 포함된다. 방화구획이란 공간의 벽과 바닥, 벽 등을 불에 타지 않는 재료로 만들어 화재가 번지는 것을 막는 것이다. 화재 시 자동으로 동작하기도 하는 방화셔터, 방화문 등은 화재에 직접 대응하지 않고, 이들의 확산을 막는 시설로서 능동적 시스템의 성격을 가지고 있지만, 수동적 방호 시스템에 포함할 수 있다.

정리하자면, 능동적 방호는 '감지-알림-소화-유도'의 행동적 대응이며, 수동적 방호는 '불연화/난연화-차단-격리'의 구조적 대응이라 할 수 있다. 이러한 시스템의 각 부분에 대한 AI의 적용은 이후에 논의할 것이다.

현 시스템의 한계점

건물의 소방 시스템, 즉 화재에 대응하기 위한 인간과 설비, 그리고 건축 구조적 대응은 많은 이들의 희생에 의한 결과로 하나하나 만들어진 체계다. 이러한 체계는 현재 효과적으로 동작해 많은 사람의 생명을 구하고, 가치 있는 것들의 손실을 줄이는 데 크게 기여하고 있다. 하지만 보완해야 할 점들이 있다.

가장 큰 보완 요소는 다름 아닌 사람이다. 인간은 화재의 예방부터 복구 단계까지 전 과정에 걸쳐 중요한 요소다. 그러므로 인간에 의해 발생하는 실수, 업무 태만, 고의적 지연, 범죄 등은 큰 피해로 연결될 수 있다.

생활 속에서 가장 흔하게 볼 수 있는 것은 방화문을 임시로 고정하는 행위다. 무거운 방화문을 열고 닫기 힘들다는 이유로 소화기나 벽돌 등으로 고정해 놓는다. 이는 화재 시 연기나 유독 가스의 이동 통로가 되어 인명 피해의 중요한 원인이 되고 있지만, 사람들은 이러한 행위를 계속하고 있다.

또한 오동작의 우려로 화재 감지기와 연결된 자동 화재 탐지 설비나, 스프링클러 등 소화설비 동작을 정지시켜 놓는 경우도 빈번하다. 소방시설의 관리에서 소방안전관리자가 시스템의 점검과 조치에 대한 지식과 경험이 있다면, 빠른 시간 내에 문제 발생에 대응하여, 소방시설의 기능을 복구할 것이다. 하지만 시스템을 정지시켜 놓으면, 점검업체에서 방문해 조치할 때까지 무방비 상태에 놓이게 된다. 이러한 조치도 충분한 유지관리 예산이 확보돼야 하는 것으로 이는 국가 행정의 개입이 필요한 부분이다.

또한 아직은 지하 주차장의 전기차 화재와 같이 현존하는 시스템으로는 대응이 어려운 사고도 있다.

건물의 화재 대응을 위한 시스템은 지속적인 발전했으나, 다양한 측면에서 보완할 부분들이 존재한다. 새로운 화재에 대한 대응 정보의 신속한 전달과 로봇과 같은 물리적 수단의 투입은 피해를 감소할 수 있을 것이다.

건물 소방안전 시스템의 다음 세대

건물의 소방 시스템은 보완하고 개선해야 할 점들이 존재한다. 이들의 세부적인 문제와 한계점은 차차 이야기하겠지만, 화재를 발견하는 인지 능력의 향상, 화재에 대응하는 소화 능력의 효율화, 화재 상황에 대한 대응의 지능화 등에서는 AI 기술이 큰 도움이 될 수 있다.

AI 기술은 건물의 기획, 설계 단계부터 놓치기 쉬운 화재 취약성을 발견해 설계를 최적화하고 대안을 제시할 것이다. 미국 SFPE재단은 백서를 통해 AI와 디지털 기술의 접목으로 화재 안전 전략을 한층 더 진화시키는 방향을 제시하고 있다. 특히 화재 데이터 관리, 스마트 화재 시뮬레이션, 디지털 설계·운영·점검(DIOM), 디지털 기반 대응 및 피난을 핵심 영역으로 보고, 이를 위한 윤리적 고려까지 포괄하는 10년 계획을 수립했다. 이는 기존 전략의 보완을 넘어, 디지털 기반의 예측과 의사 결정 체계로 나아가는 전환을 의미한다.

모든 부분에서 변화를 가져올, 아니 이미 가져오고 있는 AI 기술은 현재의 소방안전 시스템을 더욱 획기적으로 발전시킬 것이다. AI는 건물 화재 대응에서 '더 빨리 감지하고, 더 똑똑하게 판단하며, 더 빠르게 대응'하는 새로운 전환점을 제공할 것이다.

참고문헌

소방청(2024.7.31).「소방기본법」.

채진(2025). 《재난관리론(제7판)》. 동화기술.

NFPA(2022). NFPA 550 Guide to the Fire Safety Concepts Tree. National Fire Protection Association.

02
AI와 건물 소방 정보 네트워크

건물 화재 발생 시 “어디서”, “무엇이”, “어떻게”, 그리고 “어디로”라는 질문에 대한 정확한 정보는 화재 대응과 피난 유도에 매우 중요하다. 그렇다면 이러한 정보를 어떻게 얻고, 선별하고, 분석하며, 판단할 수 있을까? 그 해답은 건물의 관련 정보와 다양한 데이터를 연결하는 네트워크 그리고 AI가 통합된 시스템이 될 것이다.

AI와 MBTI?

소방의 승패는 정보가 좌우한다

러시아 · 우크라이나 전쟁에서도 보듯이 정보는 전투의 승패를 가른다. 화재와의 싸움에서도 정보는 가장 중요한 승리의 조건일 것이다.

많은 사람은 화재가 어디서 발생했는지가 중요한 정보라고 생각할 것이다. 하지만 소방에서 필요한 정보는 더 많다. 이는 화재 대응에 필요한 정보와 화재 예방에 필요한 정보로 구분할 수 있다. 건물 내 화재 대응에 필요한 정보는 화재 진압 활동에 필요한 정보와 피난 유도에 필요한 정보, 특성 시설물 보호에 필요한 정보로 구분해 볼 수 있다.

화재 진압 활동에 필요한 정보는 '어디서 무엇에서 화재가 시작되었나, 어떤 환경 조건이며 화재와 연기는 어디로 확대되어 가고 있나'다. 화재의 발생과 성장 속도, 그리고 위험 지역의 확대를 말한다.

피난 유도에 필요한 정보는 '어디서 시작했고 어디로 번져 가고 있나, 사람들은 어느 위치에 있으며 어디를 향하고 있나, 피난 경로상 문은 다 동작되는가, 제연설비는 동작했나, 방화문은 닫혀 있고 방화셔터는 동작했나, 대피 공간과 피난 안전 구역의 위치와 상황은 어떠한가, 현재 병목 현상이나 정체가 발생하는 지역은 어디인가' 등이다.

화재 대응과 예방 활동에 필요한 정보를 생성해 내기 위해서는 기반이 되는 더 다양한 정보들이 요구된다. 이러한 정보는 화재 초기 대응자들과 소방대, 그리고 거주자 및 피난 유도자들에게 중요한 정보가 되어 피해 발생 최소화에 기여할 수 있다.

화재 예방에 필요한 정보

「화재예방법」에 따르면 '예방이란 화재 발생을 사전에 제거하거나 방지하기 위한 모든 활동'이다. 건물 내의 화재 예방 활동은 소방안전관리자가 주도하지만 거주자 모두가 전기, 가스, 화기 안전 수칙 등을 지켜야 한다.

미국 방화협회(NFPA)에서 제정한 기준인 'NFPA 550'을 보면 화재 발생 예방(Prevent fire ignition)을 위해 발화원 관리(Control heat-energy sources), 발화 조건 관리(Control source-fuel interaction), 가연물 관리(Control fuel)가 필요하다고 제시하고 있다. 이를 위해 가연물의 종류와 위치, 적재 형태와 환경의 정보가 필요하고, 발화 위험 요소들의 위치와 상태에 대한 정보, 발화 위험 요소들이 가연물을 발화시킬 위치에 있는지 등의 정보가 필요하다(NFPA, 2022).

지금까지의 화재 예방은 주로 사람의 의지와 활동에 의한 것이었지만, 실패한 경우 사람의 실수나, 방화 등 의도된 화재 등이 주요인이었다. 하지만 이러한 감독과 관리를 실시간으로 정밀하게 수행한다면 – 여기에 더하여 건물, 지역, 계절, 특정 기간 등에 따른 내·외부 화재 영향 요소들에 대한 정보가 제공된다면 – 우리는 건물 내부의 화재 발생 억제와, 외부 화재 영향 최소화를 지속적으로 이루어 낼 수 있을 것이다. 대응에 필요한 정보가 구조화돼야 하듯, 예방 역시 데이터를 기반으로 보다 체계적으로 이루어져야 할 것이다.

건물 소방을 위한 디지털 기술 인프라

화재 대응과 예방을 위해 중요한 디지털 기술 인프라가 필요하다. 한때 유비쿼터스 센서 네트워크(USN)라고 불리기도 한 IoT(사물인터넷) 센서 네트워크다.

온도, 연기, 유해 가스, 출입 상황 등 실시간 생성되는 동적 정보는 모든 대응의 기반 정보가 된다. 이러한 정보를 기반으로 가시화하고 예측 정보를 생성하는 데 BIM(Building Information Modeling)과 디지털 트윈(Digital Twin) 기술이 필요하다.

BIM은 건축물의 설계, 시공, 운영 정보를 3차원 모델로 통합하는 기술로 구조물, 설비, 자재, 시스템 간 연결성 등 객관적 · 정량적 정보를 데이터베이스화한다. 이로써 건물 내 소방 설비 위치, 방화 구획, 피난 경로, 가연물 분포 등의 정보를 보관할 수 있다.

디지털 트윈은 현실 공간(건물, 설비 등)의 상태와 동작을 실시간으로 복제하는 가상 모델을 구현하는 기술로 BIM의 정보뿐만 아니라 센서, IoT, 영상 데이터 등을 바탕으로 동적인 정보를 반영할 수 있다. 화재 대응에서 실시간으로 온도, 연기, 유독 가스 농도, 출입문 상태 등 감지 정보를 디지털 트윈에 반영해 가시화할 수 있다. 이를 화재 및 피난 예측 기술과 연결해 건물 화재 시 위험 구역 시각화, 피난 유도 경로 선정, 소방 설비 작동 여부 등의 시뮬레이션과 실시간 예측에 적용할 수 있다.

이러한 정보 구축에는 3D 스캐닝 기술이 적용될 수 있고, 이는 로봇 등을 활용하는 실시간 감독 체계와 연결할 수 있다. 또 건물 내 · 외부, 인접 지역, 계절, 특정 기간 등에 따른 화재 영향 요소들에 대한 정보는 클라우드 기반의 네트워크에서 유기적으로 공유됨으로써 화재 예방과 지역 차원의 대응으로 연결할 수 있다.

건물 소방의 정보 네트워크와 흐름

건물 소방 정보는 건물 부문과 공공 부문으로 구분할 수 있다. 건물 내에서는 내부 시스템 간의 정보 공유 네트워크가 구성되고, 내부 시설 간 실시간 연동이 이루어져야 하며 스마트 관제 시스템에 의한 통합 모니터링이 제공돼야 한다. 또한 BIM 정보, 위험 요소의 위치, 피난 경로, 화재 발생 관련 정보 등도 포함돼야 할 것이다.

이러한 통합 관제시스템은 AI로 구현되며, 최종 결정권은 인간이 갖지만, 인간이 관여하지 못하는 긴급한 상황에서는 AI의 능동적 대응도 가능해야 할 것이다.

공공의 영역은 소방청과 관할 소방서에서 담당하며, 소방대와 건물관리자 간의 정보 네트워크는 공공의 정보를 실시간으로 제공해 원활한 화재 예방과 대응의 기반이 될 것이다.

건물 소방 정보 네트워크의 문제점

건물 소방 정보 네트워크의 구현에 예상되는 문제점들이 있다.

먼저 표준화의 시급성이다. 다양한 시스템 간의 데이터 형식의 불일치, 건물마다 설치된 시스템 간의 다른 정보 형식 등이 문제가 될 수 있다. 건물 내 소방 정보 네트워크는 R형 수신기가 중심 역할을 하겠지만, 온도 제어 시스템, 환기를 담당하는 HVAC 시스템, 승강기 제어 시스템, CCTV 관제 시스템 등과 연계돼야 한다. 이들을 통합하는 관제 시스템의 개발은 큰 도전이다. 이러한 관제 시스템은 실시간 연동과 동작 제어를 관할해야 하며, 이는 인간과 AI의 몫이다. 아직은 이러한 체계의 구축 및 실증 사례가 극히 드물어 이러한 시스템의 신뢰 가능성을 증명할 수 있는 연구 결과들이 필요하다.

또 하나의 큰 문제는 정보의 관할권과 책임이다. 건물 내 정보를 일정 부분 외부에 개방해야 하는 경우, 이에 대한 사생활 침해 문제와 보안 위험 문제가 등장하게 된다. 소방대나 다른 공공기관에서 공공 데이터 수집이 필요한 경우 이에 대한 사회적, 개인적 합의 구축은 앞으로 수행해야 할 과제다. 특히 '누가 수집하고, 누가 공유하고, 누가 책임지나'와 이들의 운용에 대한 '경제적 부담은 어떻게 분담하나'에 대한 논의가 필요하다. 여기에 AI가 개입되고 AI에 물리적 동작을 수행할 수 있는 권한이 부여될 경우 'AI의 잘못된 실수와 판단, 또는 AI에 대한 외부의 의도적 조작 문제를 어떻게 해결할지'도 결정해야 한다. 현행 법제 내에서는 소방 정보 공유 범위와 권한에 대한 명확한 기준은 찾아보기 힘들며, 지금이 이에 대한 논의를 시작해야 할 시점이다.

결국 AI와 디지털 기술에 기반을 둔 건물 소방 정보 네트워크 구축에는 기술 개발도 중요하지만, 정보의 흐름을 정의하고 이를 안전하게 관리하기 위한 사회적 · 제도적 합의도 함께 이루어야 한다.

참고문헌

소방청(2024.5.17). 「화재의 예방 및 안전관리에 관한 법률」.

NFPA(2022). NFPA 550 Guide to the Fire Safety Concepts Tree. National Fire Protection Association.

03
화재 감지와 경보

화재 발생 사실을 알게 되는 순간부터 소방 대응은 시작된다. 우리는 화재를 좀 더 빠르고, 확실하게 감지하기 위해 끊임없이 기술을 발전시켜 왔다. 화재를 알아내고 알려 주기 위한 과정에서 AI는 어떤 새로운 기여를 할 수 있을까?

AI와 난임 극복?

화재 감지의 발전과 특징

인류는 불의 두려움을 알게 되면서 화재 발생 사실을 빠르게 알고 싶었을 것이다. 고대 로마 시대에도 화재 감시 조직이 있었을 정도다. 오랫동안 화재 감지와 알림은 사람의 관찰, 목소리, 종 등에 의존해 왔다.

최초의 감지기는 두 금속의 서로 다른 팽창률 기반의 바이메탈 센서 도입이었고, 이후 다양한 화재 감지 방법들이 개발되었다(Bistrović et al., 2013). 화재 감지에 필요한 요소는 열, 연기, 빛, 영상 등 4가지로 구분한다. 또한 지점에서 감지하는 방식과 여러 지점에서 감지하는 방식, 그리고 일정 지역을 감지하는 방식으로 구분한다.

화재는 연기나 열이 발생하기 이전에도 조짐으로 알 수 있다. 부분적 온도 상승이나 전기적 이상 등이다. 리튬이온 배터리의 경우 열 폭주로 온도 상승이 진행되는데, 이를 미리 알 수 있다면 화재로 확대되기 전 정지시킬 수 있다. 이는 온도센서나 열화상 카메라의 영상으로 감지할 수 있다.

다음은 연기만 나고 화염은 없는 훈소(smoldering) 단계에서의 감지다. 화재로 인한 본격적인 반응이 시작되는 단계로 이때부터 일산화탄소(CO), 그을음(Soot)과 같은 연소 생성물(Combustion Products)이 방출된다.

이러한 단계에서 화재를 감지하기 위한 장비로 공기 흡입형 감지기가 대표적이다.

그다음, 화염이 형성되는 단계로 전환되면 본격적인 화재의 성장이 시작되면서 열, 연기, 빛이 방출된다. 현재 대부분의 감지기는 이 단계에서 동작한다. 보통 연기 감지기가 상대적으로 빠르고 열 감지기가 비교적 느린 편이다. 감지기가 동작하면 신호는 수신반(control panel)을 거쳐 경종, 전자 사이렌, 시각 경보기 등을 동작시켜 사람들에게 알려 준다.

화재 감지와 경보의 문제

전통적인 화재 감지 체계는 문제가 종종 발생한다. 먼저 화재 감지 방식은 원리상의 한계와 기술적 한계가 존재한다. 예를 들면 빛에 반응하는 불꽃 감지기나, 영상 기반 감지 장치는 카메라에 보이지 않는 사각지대의 감지가 어렵다. 그리고 현장 환경에 부적합한 능력의 감지기가 설계상 선정되고, 감지기의 유지 관리상 문제가 발생하기도 한다.

석탄 보관 장소의 공기 흡입형 감지기는 과도한 분진과 수분의 결합으로 흔히 오동작이라 불리는 비화재보가 발생하고 이를 해결하기 위한 유지관리 비용이 상당하기 힘든 수준이다. 예를 들면 연기 감지기 내부에 들어오는 먼지나 여름철 결로 등으로 비화재보가 발생한다. 비화재보가 반복되면 경보 시스템에 대한 불신이 커지고, 피난 지연의 원인이 되거나, 관리자가 시스템을 정지시키는 원인이 되기도 한다. 화재 감지기가 동작하면 수신반을 통해 경종이나 사이렌 같은 비상 경보 설비가 즉시 동작해야 하지만, 관리자들은 이를 멈추어 놓고 직접 확인 후 동작시키려 하는 경우가 있다. 오동작 발생 시 거주자들의 항의와 비난이 두렵기 때문이다.

AI를 통한 화재 감지와 경보 능력의 강화

감지기의 신뢰성은 매우 중요하다. 빈번한 비화재보는 사람들로 하여금 소방 시스템에 대한 불신을 키우고, 진짜 화재 상황도 오보로 생각해 피난을 하지 않게 만드는 원인이 된다.

따라서 화재 감지의 신뢰성을 높이기 위해 다양한 방안이 도입되고 있다. 먼저 고신뢰성이 요구되는 곳에서는 두 개의 감지기가 동작하는 교차 회로 방식 등이 사용되고 있다. 또 화재 감지와 경보의 신뢰성의 향상을 위해 AI가 도입되어 사용되고 있다. 대표적으로 퍼지 이론(Fuzzy Logic)이 있다(홍성호 외, 2002). 연기 감지기의 경우 먼지, 오염물, 곰팡이 등으로 낮아지는 감도를 보상해 비화재보를 감소시키는 지능화 알고리즘이 적용되고 있다.

현재 감지 능력 향상을 위해 연구하고 있는 부분은 무엇일까? 이는 다양한 정보 유형을 통합하는 멀티모달(multimodal) 방식이다. 화재 감지에서 멀티모달이라 함은 단일 센서에 의한 판단이 아닌 복수의 감지 방식과 데이터를 통합해 분석하는 것으로, 오동작을 줄이고 조기 감지 가능성을 높이는 것을 의미한다.

멀티모달 방식은 전통적인 온도, 연기, 가스뿐만 아니라, 영상 분석, 음향 분석, 전력 데이터 변화, 진동이나 충격 등 이상 상황 등을 포함해 화재를 판단한다. 전통적인 화재 감지기 정보에 실내 공기질 판단을 위한 이산화탄소 감지 장치라든가, CCTV 영상에서 연기 발생 분석 등이 추가된다고 생각하면 이해가 쉽다.

AI는 각 모달(감지 수단) 간의 상관관계와 시간 지연 등 다양한 부분을 학습해 화재에 대한 단계적 경보를 관계인들에게 전달할 것이다. SFPE 백서에서도 AI를 활용한 감지의 신뢰성 향상이 향후 10년간의 핵심 과제로 명시되어 있으며, 센서 데이터 통합, 영상 기반 분석, 실내 환경 모니터링 등의 융합을 통해 경보의 정확도와 피난 유도 시점 정보를 개선할 수 있다고 강조하고 있다.

경보의 전달

화재를 감지했다면 경보를 사람에게 전달하여, 화재에 대응하거나 피난을 하도록 해야 한다. 화재 경보가 전달이 되지 않은 경우는 대부분 중간에 관리자가 경보장치를 꺼 놓은 탓이다. 그리고 이는 오동작으로 인한 불평과 비난이 소방안전 관리자나 관리실 근무자에게 돌아가는 데서 기인한다.

AI를 활용한 화재 감지의 지능화와 멀티모달의 도입으로 신뢰성이 비약적으로 향상된다면, 이러한 개입은 현저하게 줄어들고 화재로 인한 위험성은 감소하게 될 것이다. 즉 감지의 신뢰성 향상을 통해 관리자 개입을 최소화하고 자동적 대응이 유지되도록 해야 한다.

참고문헌

홍성호 외(2002). "퍼지추론을 사용한 화재 감지 시스템 개발". 《한국안전학회 논문집》, 82~87쪽.

Tech Web(2023.6.21). "센서란". https://techweb.rohm.co.kr/product/sensor/sensor-device/4857/

Bistrović, M. et al.(2013). Historical Development of Fire

Detection System Technology on Ships. *Naše more : znanstveni časopis za more i pomorstvo, 60*(5-6), pp.127~133.

04
화재의 초기 진압

“한 개의 소화기가 한 대의 소방차 몫을 한다”는 말이 있다. 화재 진압은 발생 초기에 가까울수록 쉬워진다. 우리는 화재를 더 빨리 알아내고, 더 신속하게 진압하기 위해 많은 수단을 개발해 왔다. 여기에 디지털 기술과 AI라는 새로운 수단을 더해 화재 대응의 속도, 정확성, 예측력을 한층 강화하는 새로운 시대로 나아가고 있다.

AI와 사주?

화재 진압 원리와 초기 대응

소방을 배우는 사람이 제일 처음 듣게 되는 이론은 '화재의 3요소'다. 3요소는 화재 발생에 필요한 연료, 산소, 점화원이며, 여기에 연쇄 반응을 더해 4가지 요소가 된다(Quintiere, 2024). 이 요소 중 하나 이상을 제거하는 것이 소화의 원리다(방재연구회 AFRI, 2010).

진압은 질식, 제거, 소화약제 사용 등이 대표적이다. 소화는 소화기나 옥내소화전 사용처럼 사람이 수행하거나, 스프링클러와 같이 자동으로 동작하는 설비로 수행된다. 물, 가스, 분말, 포 등 다양한 소화약제가 사용되는데, 이러한 약제의 사용은 진압 효과를 발휘하기도 하지만 그로 인한 피해도 발생할 수 있다.

화재의 초기 대응은 건물의 소유자, 관리자, 점유자인 관계인이 수행하며, 본격적인 대응은 소방대에 의해 진행된다. 일반적으로 소방대가 도착하기 전인 20분 정도는 건물관계인이 대응해야 하며, 법적으로 소방시설 설치에 대한 기준이 있다. 국내 소방법은 건축물의 규모, 용도, 수용 인원 등에 따라 소방시설 설치를 의무화하고 있으며, 이는 건물의 화재 안전에 대해 법적으로 설정된 최소 수준이다.

기존 화재 초기 진압의 문제점

화재 진압의 가장 기본적인 방법은 인간의 대응이다. 사람이 화재를 인지하고, 대응을 판단하고, 소화기나 소화전을 찾고, 이를 사용해 진압을 시도하는 단계다.

여기서 문제 발생의 원인 중 하나는 인간이다. 어느 부분에서 인간의 실수가 있다면, 대응은 실패하게 된다. 다른 하나는 소화 수단의 동작 실패이며, 여기에도 인간의 관리상 실수가 개입될 수 있다. 이러한 인간의 실수 외에 화재를 늦게 알게 되거나, 정확한 화재 위치를 찾기 어려운 상황, 소화기나 소화전의 위치를 찾기 힘든 경우, 성장한 화재로 접근이 어려운 상황 등이 초기 진압 실패의 원인이 된다.

자동식 소화설비는 화재 감지기나 부착된 퓨즈의 동작으로 화재 사실을 인지하고 동작하게 된다. 감지에 실패하거나 설비의 동작을 중지시켜 놓은 경우는 시작도 못 하게 된다. 동작을 중지시켜 놓는 이유는 대부분 오동작으로 인한 피해가 불안하기 때문이다. 화재 감지기 가 동작하면 관리자가 확인 후 소화시설을 동작시킬 생각을 한 것이다.

소화설비의 동작은 화재 시 진압을 가능케 하지만 이로 인해 수반되는 피해가 있다. 물을 사용하는 소화설비는 화재가 진압되면 정지시켜야 하지만, 대부분 자동 정지 기능이 없다. 화재 발생 구역 이외의 구역에 물을 방사하게 되면, 화재로 인한 소실 피해보다 물로 인해 발생한 피해가 더 클 수도 있다. 만약 오작동으로 물이 방출된다면, 물질적인 피해와 더불어 관리자에 대한 비난과 문책이 가해질 것이다.

자동식 소화설비는 단일 화재에 대응하도록 되어 있어, 건물의 여러 구역에서 화재가 동시 다발적으로 발생한다면, 대응 자체가 어렵다. 이러한 문제에 더해 소화설비의 설계 단계부터 발생하는 문제도 있다. 해당 환경과 가연물의 특성에 적용하기에 부적합한 약제, 방출 방식, 부족한 약제량 등이다.

AI와 스마트 소화 시스템

기존 초기 소화설비의 문제점은 AI와 IT 기기들의 도입으로 어떤 변화를 만들어 낼 수 있을까? 화재 발생을 판단하는 데 AI는 큰 역할을 할 수 있다. 이 부분의 정밀도는 시스템 전체의 신뢰성과 연결된다.

AI는 화재 발생 여부뿐만 아니라 화재의 크기, 발생 위치, 대상물의 종류를 파악하고, 상황에 대한 정보를 판단할 수 있다. 이러한 정보는 화재 상황과 피난 경로를 예측해 소방대와 자위소방대 등 관련자들에게 전달할 수 있다. 하지만 이러한 정보는 지속적인 취득이 필요하다. 초기 정보 수집 이후 화재의 확산과 쇠퇴, 그리고 재발화 등도 모니터링할 수 있어야 한다.

정보는 화재 진압을 위한 소방 시스템의 동작과 정지를 결정할 수 있다. 정보는 화재 감지기를 메인으로 하는 멀티모달 시스템을 통해 수집되며, 여기에는 CCTV나 공기질 판단을 위한 시스템 등 다른 목적으로 운영되는 시스템의 센서도 동원된다. 정보는 AI에 의해 파악되고 판단되며, 그 결과는 인간에게 전달되고, 동시에 소방시설의 동작 및 정지와 연동될 수 있다.

이러한 시스템이 구현된다면, 화재 발생 대상을 더 특정해 해당 위치에 국소적으로 소화약제를 사용하는 방식이 가능해진다. 특히 AI의 판단으로 드론이나 로봇을 사용해 인간의 초기 진압과 유사한 수준의 소화도 가능하다. 또한 이동식 방수포(Turret nozzle)를 설치해 화재 발생 부분만 집중 방수하고 화재가 종료되면 정지하는 시스템도 AI의 판단과 조정으로 구현된다.

AI의 판단으로 동작하는 소화 시스템은 여러 지역에서 동시 다발적으로 발생하는 화재에도 대응이 가능하다. 특히 화재의 발생 시간과 성장 속도, 확산 속도 등을 파악하고 예측하여, 화재 진압의 우선순위를 설정하고 해당 부분에 자원을 집중 배분하여, 소화용수와 같은 정해진 자원으로 효과적인 화재 대응을 할 수 있다. 이와 함께 연기를 배출하는 제연 시스템의 운용에서도 AI는 훌륭한 역할을 할 것으로 기대한다.

한편으로는 인간에 의해 발생하는 감지-확인-판단-동작의 소요 시간을 최소화하고 신뢰성을 최대화해야 초기 대응의 효과를 극대화할 수 있다. 이러한 시스템의 일부는 개발 중이며, 곧 연구의 결과들을 보게 될 것이다.

AI 기반 소화 시스템의 한계와 제도적 고려

AI가 적용된 소화설비는 높은 신뢰성, 필요한 만큼의 소화약제 사용, 신속한 대응, 다양한 상황 변화에 대한 판단 및 대응 등이 장점이다. 그렇다면 우려되는 부분은 없을까?

소화설비의 동작은 사실 오동작이 가장 걱정되는 부분인데, AI 시스템도 이에 대한 우려가 있다. 특히 AI 자체의 판단 오류, 외부의 판단 조작, 해킹 등으로 인한 피해 발생이 걱정스러운 부분이다. 이를 예방하기 위한 사이버 보안은 매우 중요하다.

오동작 발생 시 책임 소재에 대한 논쟁이 있을 것이다. 특히 제조사와 관리주체 사이의 책임 공방도 발생할 것으로 예상된다. 이를 방지하기 위해 최대한의 정보 수집 결과를 관리자에게 제시하고, 소화설비 동작의 승인을 일정 시간 기다린 후 자동 대응으로 넘어가는 방식도 생각할 수 있다.

정리해 보면, 기술적 측면에서 신뢰성과 보안을, 제도적 측면에서는 책임, 승인 절차, 경제적 부담의 분배 등을 종합적으로 고려한 제도화가 필요하다. 이에 대한 국가 차원의 제도 정비와 사회적 합의가 필요하다. AI의 소방시설 분야 도입은 국가 행정의 결정권자들의 승인이 우선돼야 할 것이다.

참고문헌

방재연구회 AFRI(2010). 《건축방재계획》. 정영배 옮김. 기문당

Quintiere, J. G.(1997). *Principles of Fire Behavior*. Delmar Publishers

05
AI의 물리적 행동 수단, 로봇과 드론

AI가 건물 시스템을 제어하고 드론과 로봇에 두뇌가 탑재된다면 어떤 일이 일어날까? 그 수많은 영화에서 보았던 불안한 장면들이 떠오를지 모른다. 하지만 현실은 어떨까? 열과 연기가 가득한 건물의 화재 현장에서 인간보다 빠르게 판단하고 행동하는 드론과 로봇이 활동한다면 인간은 분명 더 안전해질 것이다.

AI와 아이돌?

소방로봇의 역사와 문제점

국내에서 소방로봇에 대한 최초의 언급은 1999년《방재와 보험》이라는 잡지의 글이다. 이 글은 일본 소방청에서 조사한 자료를 소개하면서 소방 활동의 위험한 작업에 로봇을 도입하는 것을 제안하고 인공지능형, 원격조작형, 탑승형 등 로봇의 형태를 3가지로 제시하고 있다. 여기서 인공지능형 로봇은 인간처럼 자율적으로 활동하는 것으로, 실용화는 21세기 후반으로 예상했다(류은열, 1999).

그 이후 IT의 발전 단계마다 로봇 기술의 수요 분야로 재난과 소방이 어김없이 등장했다. 2009년 소방로봇이 개발되고 일선 소방서에 시범 배치되었고, 2011년에는 소방로봇시범사업 추진단이 출범해 총 75억 원의 예산이 투입되었다. 그러나 2012년 국정감사에서 당시 지식경제부의 시범 사업으로 시행된 소방로봇 예산 낭비가 문제점으로 지적되고, 2016년에 소방로봇의 출동 실적이 전무한 점들이 국회에서 제기된 이후 더 이상 실제 배치 등 추진 결과는 찾아보기 힘들게 되었다(소방방재신문, 2016).

최근에서야 국내 대기업의 무인소방로봇 개발이 발표되고 있으며, 중국에서 개발된 로봇의 시장 진출이 기업

차원에서 시도되고 있다.

오래전 개발된 소방로봇은 어떤 이유로 실용화의 문턱을 넘지 못한 걸까? 현장 사용과 유지보수의 불편함이 크게 작용했을 것으로 생각된다.

현장 사용의 최대 불편함은 무엇일까? 긴급하게 출동하는 소방관이 로봇을 컨트롤러로 조작하고 사용해야 한다는 것은 큰 불편함일 수밖에 없다. 만약 이 로봇이 전원만 넣어 주면, 소방관과 인간처럼 대화하고 임무를 수행하는 AI가 탑재된 휴머노이드였다면 어떠했을까? 아마도 많은 일선 소방관이 도입을 적극 환영했을지도 모른다.

AI 소방로봇의 임무

한시도 소홀히 할 수 없는 현장에서 소방로봇을 조작하는 것은 매우 어려운 일로 보인다. 하지만 소방로봇이 인간과 같이 언어를 이해하고, 시각으로 현장을 파악하고 클라우드상의 정보를 검색해 도와줄 수 있는 AI를 장착하고 나타난다면 어떨까? 이는 아마도 1999년에 상상했던 인공지능형 소방로봇의 모습일 것이다.

현재 이동형 로봇 중에는 4족 보행 로봇과 휴머노이드가 크게 발전하고 있다. AI는 단일 로봇에 장착되는 돈디

바이스 형태의 ‘에지 AI(Edge AI)’가 될 수도 있지만, 클라우드와의 연계를 통해 분산형 AI와 연계된 통합적 운용체계를 구현해야 한다. 여기서 에지 AI는 ‘현장형 AI’로, 로봇 자체에서 데이터를 처리하고 판단하는 기술을 말한다. 이들에게 부여되는 임무는 평시와 화재 발생 시의 상황에 따라 두 가지로 구분할 수 있다.

먼저 평상시에는 소방시설의 유지보수를 위한 점검과 화재 예방을 위한 감시가 중요한 임무다. 평시 감시를 수행하다가 다른 센서의 신호로 화재가 의심되는 상황이 전달될 경우 해당 지점으로 즉시 이동해 화재 발생 여부를 확인할 것이다. 여러 로봇이 협력하는 군집 로봇 형태를 구현하는 경우 AI는 평시 이들에게 다양한 임무를 개별적으로 부여해 최소한의 동작으로 정밀한 화재감시 및 점검이 진행되도록 할 것이다.

화재가 발생하면 화재 대응 모드로 전환한 후 화재 사실을 확인하고 다른 로봇들을 운용해 초기 소화를 진행할 수 있다. 또한 거주자들에게 개별적으로 화재 사실을 알리고, 이들이 피난하는지를 확인하며, 피난이 어려운 상황이라면 피난 안전 구역이나 대피 공간의 위치를 파악하고 직접 데려다주는 일을 수행할 수 있다.

AI 드론의 역할과 가능성

최근 러시아·우크라이나 전쟁은 드론의 다양한 활용을 보여 주었다. 현장의 정찰 및 감시라든지 보급품 전달 이외에도, 폭발물을 가지고 직접 대응하거나, 자폭하거나, 현장의 병사들을 안전한 장소로 유도하는 등의 역할도 수행할 수 있음을 증명했다.

드론의 큰 장점 중 하나는 낮은 비용이며, 신문보도로는 40만 원 정도의 드론이 사용된다고 한다(전자신문, 2024). 드론은 크고 복잡한 공간에서, 요구되는 위치에 신속하게 도착해 현장의 상황을 실시간으로 전달할 수 있다. 물류창고 같은 크고 복잡한 공간에서도 감시의 사각지대를 면밀히 순찰하고 대응하는 것이 가능하다. 드론 또한 화재가 발생할 경우 화재 대응 모드로 전환해 현장 상황의 영상 전송, 인명 탐색 지원, 피난 유도, 통신 릴레이 등의 역할을 수행할 수 있다.

정리하자면, 드론은 공중에서 빠르게 정보를 수집하고, 열악한 통신 환경 속에서도 중계기 역할을 하며, 로봇이나 피난자를 지원하는 협업체계의 핵심 역할을 할 수 있다.

로봇-드론 통합 시스템과 기술적 과제

AI는 각 디바이스에 개별적으로 탑재해야 하지만, 건물 내 모든 로봇과 드론을 통합 관제하는 AI도 필요하다. 이러한 AI는 건물 내 소방 시스템과 스마트 시스템 등이 제공하는 정보들을 통합 분석하고, 로봇과 드론을 활용해 정밀한 대응을 가능하게 할 수 있다.

이제 건물 화재에 대응하기 위해 설치되는 로봇과 드론의 문제점과 해결 방안에 대해 이야기해 보자.

먼저 공간 인식 문제다. 드론과 로봇은 건물 내에서는 GPS 수신이 불가하므로 GPS 없이 실내에서 이동 경로를 추적하는, 동시적 위치 추정 및 지도 작성 기술인 SLAM(Simultaneous Localization and Mapping)을 사용해 평시 실내 지도를 생성하고 위치를 판단할 수 있는 기능이 필요하다(yujinrobot, 2023). 이를 BIM과 연계한 디지털 트윈 기술을 활용할 수도 있다. 하지만 화재 또는 폭발 등의 사고로 지형이 변형될 경우 이에 대응하기 위한 기술도 검토해야 할 것이다.

또 하나는 통신 장애다. 이 경우 중계 드론을 배치해 화재 현장에 접근한 로봇과 드론의 원활한 통신을 확보해야 한다. 또한 드론과 로봇에 에지 AI를 적용해 자립 모드(Stand Alone Mode)에서 주어진 임무를 수행하거나 철수하는 기능을 부여해야 할 것이다.

마지막으로 전력 문제다. 배터리를 두 구역으로 나누어 화재 시 임무 수행에 필요한 배터리의 양을 설정하고, 평시에도 충전해 필요량을 유지하도록 하는 방안과 교체형 배터리를 설계해 스테이션에서 즉시 교체하는 기능 도입을 검토해야 할 것이다.

인간과 협업하는 AI 관제 로봇과 드론은 화재 대응에서 가장 중요한 수단으로 등장할 것이다. SFPE 백서에서도 AI 기반 로봇·드론의 통합 관제, 디지털 지형 변화 반영, 자율 임무 수행 능력은 미래 스마트 소방 대응 체계의 핵심 기술로 제시되고 있다.

참고문헌

류은열(1999). “21세기 소방기술의 장래”. 《방재와보험》, 83, 50~55쪽.

소방방재신문(2016.9.19). “33억 소방로봇, 2년간 출동조차 안 해”. https://www.fpn119.co.kr/61653

전자신문(2024.3.11). “40만원 우크라 드론, 70배 비싼 러軍 차를 날렸다”. https://www.etnews.com/20240311000381

yujinrobot(2023.8.21). “로봇공학에서 SLAM 기술이란?”. https://yujinrobot.com/resource/blog/https/yujinrobot.com/blog/what-is-slam-technology-in-robotics/

06

AI 화재와 피난 상황 예측

건물에서 화재가 발생할 경우 어떻게 확대되는지, 거주자는 어떻게 피난해야 하는지 미리 알고 대응할 수 있다면 안타까운 인명과 재산의 피해는 크게 줄어들 것이다. 화재와 피난의 예측 기술에 AI가 도입된다면 어떤 변화를 가져올 수 있을까? 과연 AI는 어떻게 화재 피난 시뮬레이션을 보완할 수 있을까?

AI와 야구?

화재와 피난 예측 기법의 현재

화재와 피난 시 일어날 일을 예측하는 방법으로 수계산 공식과 컴퓨터시뮬레이션이 있다. 화재 시뮬레이션은 외국에서는 화재 모델링(Fire Modeling)이라고도 하지만 이 책에서는 화재 시뮬레이션으로 지칭한다. 다른 분야에 비해 늦게 출발한 화재과학은 컴퓨터의 출현으로 발전이 가속화했다.

화재역학(Fire dynamics)은 실험으로 구축된 경험식(Correlations)이 현상 예측에 사용되었으며, 지금까지도 이들 이론과 수식은 신뢰성 높게 사용되고 있다. 컴퓨터의 발달과 함께 복잡한 연산이 가능해지면서 공간 내 화재로 인한 현상을 해석하는 존 모델(Zone model)이 개발되어 실용화했다. 20세기 말 CFD(Computational Fluid Dynamics) 모델들이 PC에서 사용할 수 있게 되면서, 스마트 파이어(SMART FIRE)나 FDS(Fire Dynamics Simulator)와 같은 화재 시뮬레이션이 등장했다.

미국 상무부의 지원을 받는 NIST(National Institute of Standards and Technology)에서 FDS의 개발을 지원하고 무료로 사용할 수 있게 하여, 화재 분야의 예측 모델은 현재 FDS가 대표하고 있는 상황이다. 피난도 수계산 이론이 개발되어 사용되다가, 시뮬렉스(Simulex)가 발표되면서, 컴퓨터 시뮬레이션의 사용이 일반화되었다.

이후 미국 선더헤드 엔지니어링(Thunderhead Engineering)에서 패스파인더(Pathfinder)라는 에이전트 기반 피난 모델을 상용화하면서, 현재 가장 많은 사용자를 확보하고 있다. 파이로심(Pyrosim)은 FDS를 기반으로 전후처리를 해 주는 프로그램으로 이 또한 CFD 모델을 확대 보급하는 데 큰 기여를 했다.

화재와 피난 모델의 한계점과 AI를 통한 보완을 각각 나누어 살펴보자.

화재 시뮬레이션 한계와 AI 활용

화재 시뮬레이션을 사용한 해석은 여러 가지 한계점을 가지고 있다. 먼저 일반인이 CFD 시뮬레이션을 사용하려면, 많은 시간의 교육과 실무가 필요하다. 화재역학의 이론을 이해하고, CFD 시뮬레이션의 구성과 제약을 이해하고, 프로그램을 배워야 적용이 가능하다.

또 하나는 해석에 대용량의 컴퓨터가 장시간 필요하다는 점이다. 터널이나 큰 규모의 건물은 더욱 그렇다. 하나의 건물을 평가할 때 여러 가지 화재 발생 상황과 환경 변수를 고려해야 하는데, 대규모 인력과 자원이 투입돼야 하며, 이는 매우 큰 경제적 부담이다.

이 두 가지 부분에서 AI의 도움을 받을 수 있다. 먼저 AI가 CFD 프로그램의 이론과 모델 구조, 그리고 프로그램 사용법을 학습한 후, 사용자가 일정한 정보와 필요한 사항을 제시하면 시뮬레이션을 수행할 입력 파일을 만들어 주는 방식이다. 이러한 방법은 LLM 기술을 활용하는 바이브 코딩(Vibe Coding)처럼 될 가능성이 높다.

바이브 코딩은 자연어로 명령을 입력하면, 그에 맞는 시뮬레이션 입력 코드를 자동 생성하는 기술을 말한다. AI 기반 대리 CFD 모델링(AI Based Surrogate CFD Modeling)이다. 이는 먼저 대상이 되는 공간의 특정 지역에 대해 CFD 시뮬레이션을 수행한 후 그 결과를 학습한다. 그 후 대상 공간에서 발생할 다른 화재나 다른 환기 조건 등에 대해 CFD 시뮬레이션을 대신해 결과를 만들어 주는 방식이다. 이는 투입 자원이 대규모인 터널이나 대형 공간에 대해서 다양한 화재 발생 조건을 시뮬레이션하고 싶은 경우, 일부 시나리오만 시뮬레이션을 하고 다른 조건의 결과들은 AI가 만들어 주는 방식이다. 이러한 두 가지 부분에서 AI는 화재 시뮬레이션의 사용자에게 큰 도움을 줄 수 있다. 하지만 AI 기반 대리 CFD 모델링은 아직은 연구 단계이며, 다양한 조건에서의 적용 가능성과 결과의 신뢰성 검증이 필요하다(SFPE

Foundation, 2023).

SFPE 백서에서도 복잡한 시뮬레이션의 반복 대신, AI 기반 예측 모델을 통한 실시간 의사 결정 지원의 중요성을 강조하고 있다.

피난 시뮬레이션 한계와 AI 적용

피난 시뮬레이션은 인간의 이동을 예측하는 기술이다. 이러한 기술은 화재 시 피난뿐만 아니라 보행자 시뮬레이션(Pedestrian simulation)이나 대규모 군중 이동 시뮬레이션(Crowd simulation) 등에도 사용된다. 초기에는 노드(Node)와 링크(Link)를 사용하는 거시적 모델(Macroscopic model)이었지만 현재는 미시적 관점의 에이전트 기반 모델이 주로 사용되고 있다.

피난 모델 개발자의 꿈은 완전한 AI 모델을 개발하는 것이다. 인간을 대리하는 에이전트들이 가상의 공간에 배치돼 상황에 따라 인간처럼 인지하고, 판단하고, 결정하고, 행동하도록 프로그램을 만드는 것이다. 인간의 생리적, 심리적, 물리적 특성을 모두 고려한다면 모든 에이전트가 실제 사람처럼 행동하겠지만, 수천 명에게 각각 AI를 부여하는 것은 엄청난 컴퓨터 자원이 필요할 뿐만 아니라, 그렇게 하는 것이 꼭 실제의 상황과 동일한 결과를 예측할 수 있다고 속단하기 힘들다.

피난 시뮬레이션에서 인간이 만들어 낼 엄청난 변수 모두를 반영하는 것은 매우 비효율적이다. 피난 시뮬레이션은 우리가 계획한 피난 경로와 문이나 복도, 계단 등의 구성 요소들이 적정한지 판단하는 분석 도구로 이해해야 한다. 피난 시뮬레이션에서도 입력 정보 설정, 민감도 분석 등에서 AI의 지원이 가능하다. 하지만 더 큰 활용을 기대할 수 있는 분야는 실시간 화재 대응 및 피난 유도를 위한 예측 시스템이다.

실시간 화재 대응 및 피난 유도 예측 시스템

우리는 화재 발생 후 "상황에 대해 예측하고 대응할 수 있다면 큰 참사를 막을 수 있었을 텐데"라는 아쉬움을 가진다. 화재 발생 시, 몇 분에서 몇십 분 후 상황을 예측할 수 있다면 어떨까?

이러한 기술의 개발이 시도되고 있다. 먼저 화재가 발생한 이후의 일은, 건물에서 실시간으로 수집되는 정보를 기반으로 예측하며, 여기에는 AI 기반 대리 CFD 모델링 기술이 적용된다. 즉 대상 건물의 화재 시뮬레이션 결과를 미리 AI에게 학습시켜 모델화한 후 화재 발생 시 전달되는 정보를 입력해 앞으로의 결과를 예측하는 방식이다.

사실 이러한 기술은 CFD 시뮬레이션 보급 이전 역산 화재 시뮬레이션(Inverse Fire Modeling)이나 센서 기반 화재 시뮬레이션(Sensor-driven fire modeling) 등과 같은 이름으로 연구가 시도된 바 있다. 또한 파이어그리드(FireGrid) 프로젝트에서도 일부 시도되었다. 하지만 대부분 실제 사용할 수준으로 개발되지 못했다. 그러나 이제 AI와 클라우드 컴퓨팅이라는 강력한 무기들이 등장했다. 이들을 잘 활용한다면, 실시간 화재 예측은 신뢰할 수 있는 수준으로 발전될 것이다.

이러한 화재의 예측 결과는 피난인의 유도와 소방대의 구조에 활용된다. 초기 거주자들의 피난 유도에서 위험 예상 지역을 우회하거나 정체가 발생해 위험에 빠지는 일을 막아야 하는데, 이 부분에 AI에 의한 피난 유도 시스템이 동작하게 된다. AI 메인 관제 시스템은 현장에서 들어오는 화재 정보, 이를 기반으로 한 화재 및 연기 확산 예측 정보, 거주자의 위치와 이동 방향 등을 기반으로 고속 이동 거주자와 장애인 및 고령자 등 저속 이동 거주자들에게 안전하게 생존할 수 있는 경로와 대피 공간 정보를 제공할 수 있다.

또한 AI 시스템은 실시간 인식을 통해 구조가 필요한

거주자의 위치와 상태 정보를 소방대에게 제공해 안전한 구조를 도울 것이다. 이러한 내용의 연구는 현재 진행 중이며, 성공적인 결과들이 나오길 기대해 본다.

AI 기반 화재 및 피난 예측 시스템은 '실시간 정보 수집-예측-전달-대응'이라는 흐름 속에서 피난자와 소방대 양측 모두의 의사 결정을 돕는 핵심 인프라가 될 수 있다.

참고문헌

화재보험협회(2008.7.1). "파이어그리드: 미래 건축환경에 대한 통합비상대응 및 화재안전기술". 《위험관리정보》, 171.

SFPE Foundation(2023). The Grand Challenges Initiative(GCI) Digitalization, Artificial Intelligence, & Cybersecurity(White Paper). Society of Fire Protection Engineers.

07
소방 교육과 훈련

화재라는 긴박한 상황에서 생존을 위해 판단하고 행동해야 하는 존재는 결국 나 자신이다. 이러한 위기 속에서 우리가 의지하는 지식과 대응 능력은 소방 교육과 훈련을 통해 얻을 수 있지만, 그 한계에 대한 문제가 계속 제기되고 있다. 이제 우리는 AI와 IT를 통해 소방교육과 훈련에 새로운 변화를 만들어 낼 기회를 맞이하고 있다.

AI와 윤동주?

기존 소방 교육 훈련의 현황

건물에서 소방 교육과 훈련은 소방안전 구성 체계에서 매우 중요한 부분 중 하나다. 우리가 많은 비용을 들여 자동 화재 탐지 설비나 스프링클러와 같은 자동식 대응 설비를 설치하면서도, 소화기를 가져다 놓고 옥내소화전을 만들어 놓은 이유는 무엇 때문일까?

설비 시스템에 의한 대응과 인간에 의해 감지되고 대응하는 수동적 부분은 상호 보완적이기 때문이다. 소방 투자 비용이 적을수록 인적 요소에 대한 의존도는 높아지게 된다. 사람의 역할은 이러한 감지와 진압뿐만 아니라 예방, 피난, 복구, 유지관리 등 사실 화재 예방과 대응의 전 과정에 걸쳐 있다. 국내에서 건물의 사용 중 소방안전은 소방안전관리자를 중심으로 이루어지며, 이를 소방서에서 관리 감독하는 형태로 구성되어 있다.

소방안전관리자의 자격과 업무 등은 소방법에서 세부적으로 제시하고 있다. 소방계획서 작성 · 시행, 자위소방대 · 초기 대응체계 구성 · 운영 · 교육, 피난 시설 · 방화구획 · 소방시설 관리, 소방 훈련 및 교육 실시, 화기 취급 감독, 업무수행 기록 유지, 화재 발생 시 초기 대응, 기타 소방안전관리 업무 수행 등이다.

결과적으로 건물 내 인적 대응은 소방안전관리자의

계획, 조직 구성, 교육 훈련 실시 등으로 진행된다. 소방안전관리자는 화기 관리 및 화재 예방 방안, 소방시설 사용 방안, 피난 시설 적용 및 사용 방안 등의 일반적인 내용과 자위소방대의 조직과 역할 등을 교육하고 훈련하도록 되어 있다.

사실 화재에 대한 대응은 모든 사람이 발생 즉시 감지하고, 알리고, 진압 및 대피해야 하는 즉시성이 요구된다. 이는 전문가 혹은 전문적 훈련을 받은 이에게 의존할 시간과 여건이 되지 않기 때문이다. 그러므로 거의 모든 사람이 화재의 발견, 알림, 초기 대응 조치, 피난 등에 대한 지식이 있어야 한다. 이에 더해 평시에 피해 예방을 위한 일들의 중요성을 인지하고 그에 대한 지식도 갖추어야 한다. 하지만 이런 교육, 그리고 훈련의 효율성은 아직 낮아 보인다.

당장 포털의 검색엔진에 "화재경보를 꺼놔…" "방화문이 열려 있어…" 같은 말을 검색하면 많은 사례와 보도기사를 볼 수 있을 것이다. 건물에 최고의 소방시설을 만든다 하더라도 사람에 의해 유지관리가 되지 않고, 소방시설, 피난시설에 대한 사용 방법을 모르고, 평소 준비가 되어 있지 않다면, 화재로 인한 피해는 커질 것이다.

기존 소방 교육 훈련의 한계점

소방안전의 목표를 달성하기 위한 인간의 역할은 막중하지만, 제 역할을 하지 못해 발생하는 피해를 볼 때마다 안타까운 마음이 든다. 특히 소방 교육과 훈련을 통해 만들어져야 할 인간의 예방과 대응 역량이 부실화되는 이유는 무엇일까?

먼저 교육 훈련의 형식화다. 반드시 실시해야 할 의무이다 보니, 소방안전관리자가 속한 조직의 장, 건물주, 참가자들이 충분한 시간을 확보하고 실질적 교육 훈련을 받기보다, 형식적 진행을 요구하는 경우가 많다.

교육 훈련의 낮은 참여도와 참여 동기 부족도 늘 등장하는 문제다. 교육-지루함-시간만 보내면 된다는 인식을 많은 사람이 가지고 있다. 실제 화재를 경험하거나 가까이에서 본 사람들은 높은 인식과 참여 동기를 가지고 있지만, 대부분은 참여 동기가 약하다. 특히 한두 번 소방 교육을 받아 본 경험이 있는 사람들은 반복되는 교육 콘텐츠와 실습 내용에 지루함을 느끼는 경우가 많다.

여기서 교육 콘텐츠의 문제와 교육 인력의 전문성이라는 문제가 연결된다. 교육 콘텐츠는 모든 건물에 적용 가능한 일반 내용과 해당 건물의 특수성을 반영한 맞춤형 내용으로 구분할 수 있다.

소방청과 여러 기관에서는 일반적인 내용에 대한 콘텐츠를 제공하고 있다. 하지만 각 건물의 상황에 맞는 맞춤형 내용은 콘텐츠로 제작하고 사용하기가 어렵다. 건물 내 피난로 확인과 피난 훈련 수행 등은 중요한 맞춤형 콘텐츠지만 이를 제공하기 매우 어렵다. 이유는 책임져야 할 소방안전관리자의 열의와 능력, 그리고 시설과 관계되어 있다.

물론 소방안전관리자는 관리를 위한 체계적이고 전문적인 교육을 이수하지만, 대부분 능력과 경력을 겸비한 교육 전문가는 아닐 것이다. 그렇다고 교육 콘텐츠 제작을 외부 전문가에게 의뢰하거나, 교육 훈련에 외부 전문가를 초빙한다는 것은 현실적으로 어렵다. 이러한 한계를 극복하고 소방 교육과 훈련의 효과를 높일 방안은 없는 것일까? 이제 AI와 IT가 등장할 차례다.

AI와 IT에 의한 교육 훈련 혁신

소방 교육과 훈련의 한계점을 간단히 정리하면 형식화된 교육 훈련, 낮은 참여도와 동기 부족, 교육 콘텐츠의 한계, 교육 인력의 전문성 부족이다.

또한 해당 건물과 상황에 맞는 맞춤형 콘텐츠 부족 문제를 크게 생각해 볼 수 있다. 이를 보완하기 위한 활용 가능 기술은 4가지다. AI, XR(VR · AR), IoT-디지털 트윈, 웨어러블 기술이다. 이를 활용하면 어떤 변화를 가져올 수 있는지 이야기해 보자.

먼저 교육 훈련에서 법적인 의무를 형식적으로 수행하는 부분은 그 수행과 내용에 대한 행정적 감시와 조치가 필요하다. 교육 훈련의 수행 전 과정을 실시간 전송으로 소방서에 제공하고 담당자는 업로드 영상을 AI로 검토해, 부실화를 줄일 수 있다.

그리고 각 개인의 동기 유발을 위해서는, 해당 개인의 생활과 직장에 관련된 실제 화재 사례와 데이터, 그리고 사고 결과와 피해 내용을 AI로 정리해 제공한다. 이를 통해 개인의 소방 교육 훈련에 대한 동기 유발을 극대화하고 참여도를 높이는 데 도움을 줄 수 있다.

또 현장감 높은 콘텐츠의 제공으로 참여도를 높이기 위해 AI, XR(VR · AR), IoT-디지털 트윈, 웨어러블 기술 등이 적극 활용돼야 한다.

먼저 각 개인이 해당 건물에서 만날 수 있는 화재와 피난 상황의 시나리오를 AI가 생성한다. 이 시나리오의 구성을 위해 AI는 해당 건물에서 화재 발생 시 화재 추이와 피난 상황을 시뮬레이션하고 예측 결과를 생성해 제공한다. 이 시나리오와 예상 결과는 디지털 트윈으로 구현된 건물에서 화재와 피난 상황을 체험하는 XR(확장현실) 콘텐츠에 적용해 피교육자의 몰입도와 경험을 최대화하고 교육의 실질적 효과를 극대화할 수 있다.

웨어러블 기술로 피교육자의 훈련 중 반응 데이터를 수집하고 이를 제공할 수 있다. 또한 웨어러블 기술로 온도, 진동, 충격 정도를 구현해 더욱 생생한 경험을 제공할 수 있을 것이다. 이러한 체험에 게임 요소를 도입해 재미를 더욱 강화하고, 상품 등의 보상이 제공된다면 교육 훈련의 참여도와 성과는 극대화할 것이다.

소방 교육 훈련의 결과는 AI에 의해 분석되고 평가되어 다음 훈련을 위한 환류 자료로 사용될 것이다.

스마트 소방 교육 도입의 과제와 고려 사항

AI가 적용된 스마트 소방 교육 체계의 도입에는 어떠한 문제가 있을까?

먼저 소방 교육을 수행하는 현실적 이유는 제도에 따른 것이다. 그러므로 제도 변화가 필요하다. 교육 시간 인정, 평가 방식 등이 스마트 교육에 맞추어 변화할 필요가 있다. 또한 인프라 구축과 콘텐츠 운영에 필요한 비용 확보도 중요하다. 이를 위해서는 정부나 지자체의 지원이 필요하다. 다른 분야와의 협업을 통한 구축 및 운용

비용 절감도 검토해야 할 것이다.

한편 XR 기기는 일부 사용자에게 어지러움 증세 등의 부작용이 있고, 아직 발견하지 못한 여러 문제가 있을 수 있으므로, 사용 편의성과 접근성을 높이는 연구가 선행되어야 할 것이다.

스마트 교육의 성공에는 공급자와 수요자의 공감대 형성이 중요하다(한혜숙 · 임희석, 2013). 스마트 소방 교육의 성공을 위해 정부와 지자체는 비용을 부담하여 추진하고, 국민은 적극적으로 참여하고 다양한 의견을 전달해 개선에 기여해야 할 것이다.

참고문헌

소방청(2023.5). 화재의 예방 및 안전관리에 관한 법률, 제24조.

한혜숙·임희석(2013.02.20). "초·중·고에서의 스마트교육 교수·학습 유형 분석". 《한국디지털정책학회》.

08
사이버 공격의 위험

이제 스마트폰 없는 삶을 상상하기 힘들 정도로 IT 기기들은 우리 일상에 깊이 자리 잡고 있다. 하지만 동시에 개인정보 유출, 금융 정보 해킹 등 사이버 공격에 대한 불안감도 커졌다. 화재 시 안전을 지키는 소방 시설은 사이버 공격과 AI 교란 등에 노출될 수 있다. 우리는 이러한 위험에 충분한 대책을 가지고 있는가?

AI와 한의학?

디지털 기술과 AI 전환의 도입과 우려

건물에 설치되는 소방 시스템은, IoT(사물인터넷)를 기반으로 한 스마트 빌딩 기술이나 AI에 의한 감지와 대응 강화 등으로 그 능력을 비약적으로 향상할 수 있다. 네트워크 접속을 통한 방대한 클라우드 자원과의 연결도 포함된다. 하지만 이러한 발전에 대해 소방 분야 공무원과 전문가들은 깊은 우려를 가지고 있다.

소방 시스템은 매우 보수적인 기술을 채택한다. 즉 매우 신뢰성 높고 안정적이며 보편화된 기술을 사용한다. 이유는 소방 시스템의 안정성이 화재 안전과 직결되기 때문이다. IT와 결합되고 네트워크와 연결되는 소방 시스템은 바로 이 지점에서 사이버 공격에 대한 우려가 크다. 이에 AI 기술이 대대적으로 들어올 경우 이미 알려졌거나, 아직 발견되지 못한 기술적 위험 요소, 특히 외부 공격의 위험에 대한 불안감은 더욱 커질 것이다.

이러한 위험은 구체적으로 무엇이고 우리는 어떤 대안을 가지고 있으며, 앞으로 무엇을 해야 할지 알아보자. 건물의 소방 시스템이 외부의 공격을 받을 수 있는 상황을 예상하는 데 참고할 실제 사례 몇 가지를 살펴본다.

사이버 공격, 실제 발생한 일들

2022년 12월 15일 호주 FRV(Fire Rescue Victoria)에 대한 사이버 공격이 진행되었다. 이 공격으로 긴급출동 지원 시스템이 마비되었으며, 소방서에 지원한 많은 사람들의 신원과 신용정보가 유출되었을 가능성이 제기되었다. 발생 이후 상당 기간 시스템 복구와 재건이 이루어지지 않았다(와이드경제, 2022).

2024년 1월 혹한기에 러시아 기반 해커들은 우크라이나 리비우의 난방 시스템을 공격했다. 이로 인해 약 600개 건물의 난방과 온수가 48시간 동안 차단되었다. 이 공격은 '프로스티굽(FrostyGoop)'이라는 악성코드로 산업용 제어 시스템의 온도 센서를 조작했다(Bleeping computer, 2024).

2018년 미국 라스베이거스의 카지노에서 해커들이 카지노 로비에 있는 수족관의 인터넷 연결 온도계를 통해 내부 네트워크에 침입해 고액 사용 고객 목록을 가져갔다(The Hacker News, 2018).

이러한 사례로 영화나 드라마에서나 보는 시스템 해킹이 실제 벌어지고 있으며, 창의적인 방법의 공격도 진행된다는 것을 알 수 있다. 그러므로 사이버 공격은 단순히 정보 탈취를 넘어 생명과 안전을 위협하는 수준으로 발생되고 있는 상황이다.

우리가 만날 수 있는 최악의 시나리오

소규모 건축물에 들어가는 전통적인 소방 시스템은 IT 기기가 거의 도입되지 않고 네트워크 연결도 없는 일종의 독립형 모드(Stand-Alone Mode)로 동작하므로 외부 사이버 공격으로 인한 피해가 적지만, 대형 건물의 소방 시스템은 IT 기기가 적용되고 외부 네트워크와 연동되어 사이버 공격의 피해 가능성이 높다.

건물 전체를 관리하는 BMS(Building Management System)에 IoT(사물인터넷) 기기들이 연동되면서 여기에 소방시설도 포함되는데, 이 경우 건물의 BMS에 공격을 받으면 소방시설들도 기능을 발휘하지 못하게 되는 위험에 빠질 수 있다. 이에 더해 소규모 건축물에 들어가는 소방 시스템도 IT와 AI 기술이 융합될 경우, 같은 위험에 처하게 될 것이다. 만약 AI와 IoT 기기들이 적용된 스마트 소방 시스템이 도입된다면 어떤 사이버 공격이 진행될 것인가?

먼저 예상되는 것은 오동작의 유도다. 잘못된 화재 경보는 불필요한 피난을 하게 해 거주자들에게 큰 불편함을 줄 것이며, 이를 통해 공격자들은 재미와 기쁨을 누릴지 모른다. 잘못된 화재 경보는 평시에도 여러 원인으로 발생할 수 있기 때문에, 건물 내 사람들에게 불편함을 주는 수준으로 끝나겠지만, 다른 소방시설의 잘못된 동작은 큰 피해와 연결될 수 있다.

특히 화재의 발생과 함께 오동작이 진행된다면 대규모 인명 피해와 직결될 가능성이 매우 높다. 만약 공격자가 내부 시스템 조작으로 화재를 발생시킨 경우라면 더욱 그렇다. 다음과 같은 공격을 예상해 볼 수 있다.

공격자는 건물 통합 제어시스템에 침입해 제어 권한을 획득한 후, 몇 차례의 잘못된 화재 경보를 울려 사람들이 화재 경보에 대해 짜증 내고 경보를 무시하도록 유도하고, 건물 내 소화용수 탱크의 배수밸브를 열어 소화용수를 비운다. 이후 목표 기기를 과열시켜 발화를 유도한다.

발화가 되면 화재 감지 신호를 무시하도록 하고 피난 경보 발령을 일정 시간 지연시킨다. 사람들에게 허위 방송을 해 혼란을 유도하고 화재 발생의 징후를 알게 될 때, 일시에 피난 경보를 발령한다.

이후 비상조명등과 유도등을 모두 끄고, 피난 유도 시스템이 있는 경우 거주자들을 한 방향으로 유도해 병목 현상으로 인한 정체를 유발시킨다. 대체로 병목 현상이 발생될 지점을 화재 발생 지점과 가까운 위치로 한다. 소방시설은 동작하겠지만, 이미 소화를 위한 물을 제거하고 배관 내 일부 물이 방출된 후여서 더 이상의 물 공급은 없게 될 것이다. 제연 시스템과 배연창, 방화문 등이 동작하지 않도록 해 연기 확산을 무력화한다.

이에 더해 소방서에 화재 사실 통보 지연, 화재 상황에 대한 잘못된 정보 제공 등의 교란 행위로 소방대의 신속한 대응을 지연시키고 효율성을 저하시켜 피해가 커지는 상황을 만들 수 있다.

영화에서나 나올 이야기 같지만, 이런 일이 발생하면 사상 최악의 참사가 될 것이다. 여기에 AI가 잘못된 판단을 하도록 미리 유도해 놓아 실제 화재 발생 시 대응을 하지 않거나 잘못된 대응을 하도록 할 수도 있다.

사이버 공격에 대한 방어 전략

사이버 공격에 대비할 전략은 무엇일까? 당연하겠지만, 네트워크 및 시스템에 대한 보안을 강화해 외부 침입을 차단하고 정보 유출을 방지해야 한다.

이러한 일반적인 대책에 더해 시스템 통제 권한 탈취에 대한 대책을 수립해야 한다. 기기 접근 제어에 대한 권한과 이상 징후 모니터링 강화 등이 필요하고, 비상 상황 발생 시 네트워크를 통한 연결을 차단하고, 원격제어를 중단시키는 비상 정지 시스템(Emergency shutdown system)을 구현해 독립 운영 상태(Stand-alone)에서 인가된 내부 기기에서 인가된 사람이 제어할 수 있는 대응 시스템을 구축해야 할 것이다.

SFPE 백서에서도 소방 시스템의 사이버 보안을 위한 다중 방어 구조, AI 판단 권한의 단계적 승인제 도입, 위기 시 인간 개입의 중요성을 강조하고 있다.

비상 상황에 대한 대응의 주체는 AI가 아닌 사람이므로, 비상 대응 매뉴얼 작성, 상황 발생을 대비한 대응 교육과 훈련을 상시 진행해 핵심 기능 유지를 통한 피해 절감을 수행할 수 있어야 할 것이다.

AI가 포함된 건물의 스마트 소방 시스템은 기술적으로 높은 효율성이 있겠지만, 동시에 보안에 강화된 책임과 대책도 요구된다. 이러한 대책으로 AI와 IT에 의해 건물 소방시설의 안전성을 확보해 화재로 인한 피해 절감에 기여해야 할 것이다.

참고문헌

와이드경제(2022.12.19). "호주 빅토리아주, 사이버 공격 받아 소방 시스템 전면 중단".

https://www.widedaily.com/news/articleView.html?idxno=234239

Bleeping computer(2024.7.23). FrostyGoop malware attack cut off heat in Ukraine during winter.
https://www.bleepingcomputer.com/news/security/frostygoop-malware-attack-cut-off-heat-in-ukraine-during-winter/

The Hacker News(2018.4.16). Casino Gets Hacked Through Its Internet-Connected Fish Tank Thermometer.
https://thehackernews.com/2018/04/iot-hacking-thermometer.html

09
소방안전에 대한 AI의 오류와 윤리

AI는 사람처럼 대화하고 판단하며, 방대한 정보를 요구에 맞춰 제공한다. 마치 또 하나의 동료로 생각될 정도다. 하지만 AI가 늘 정직하고 윤리적 판단을 제공할 수 있을까?

소방과 같이 정직과 윤리가 중요한 분야에서 AI는 과연 신뢰할 수 있는 정보를 제공하고, 올바른 결정을 내리도록 도와줄 것인가?

AI와 화장품?

소방의 가장 큰 목표는 화재로부터 인명과 재산 피해를 최소화하는 것이다. 이를 위해 구축되는 건물의 소방 시스템의 신뢰성은 가장 중요한 평가 요소 중 하나다. 이러한 건물 소방 시스템의 일부로 도입될 AI는 충분히 정직하고 윤리적 문제가 없는 판단을 인간에게 제공할 수 있을까? 우리는 AI의 오류와 윤리적 판단 문제에 대해 생각해 보아야 할 것이다.

AI의 오류와 거짓말

AI는 인간의 요구에 응답을 하면서 존재하지 않는 자료나 사건을 실제처럼 제시하는 오류를 발생시키는 경우가 있다. 이를 할루시네이션(Hallucination, 환각)이라 하며, 크게 두 가지로 나눈다. 내재적 환각으로 실제 사실과 AI의 처리 과정에서 발생하는 경우와, 외재적 환각으로 존재하지 않는 사실을 창작해서 제공하는 경우다(동아일보, 2024).

오류의 원인 중 하나는 AI의 학습 데이터 그 자체에 있다. AI는 학습을 통해 사용자의 질문과 요구에 대응하는 방법을 배운다. 이때 편향되거나 부정확한 데이터를 학습하면 잘못되거나 비현실적인 결과를 만들어 낸다(AhnLab, 2025).

데이터 편향의 대표적인 예로, 2018년에 표면화된 아마존(Amazon) 채용 시 AI 시스템의 문제가 있다. 알고리즘이 과거 10년간의 아마존 채용 데이터를 학습했으며, 해당 데이터는 대부분 남성 중심이었음을 알고 이를 반영해, 여성 지원자들에게 불이익이 가도록 처리한 사실이 밝혀졌다(BBC, 2018).

또 오류라고 생각하는 상황 중 일부는 사용자의 부정확한 질문으로 인해 발생한다. 즉 AI가 이해하기 어려운 단어나 문장을 사용해 요구를 제시하면, 사용자의 의도와는 다른 결과가 나올 수 있다. 명확한 질문을 입력하지 못한 사용자에게도 책임이 있을 수 있다는 것이다.

이러한 오류를 줄이기 위해서는 높은 품질의 학습 데이터를 활용하고 지속적으로 결과를 확인하고 개선해야 한다. 결과적으로 사용자가 AI가 제시하는 정보나 작업의 결과가 진실인지를 확인하는 과정이 필요하다.

AI의 윤리적 판단

인간과 AI는 사랑에 빠질 수 있는가? 영화 〈HER(그녀)〉는 AI 사만다(Samantha)와 인간의 감정적 교류와 존재의 의미에 대한 질문을 던지는 작품으로 평가받고 있다.

챗GPT와 같은 LLM의 등장 이후 AI의 감정 표현이 인간과 비슷한 수준에 도달하면서 AI가 점점 인간과 유사한 존재가 되고 있다는 생각이 들게 된다. 이에 더해 점점 인간과 유사한 동작을 하는 휴머노이드를 보면 이제 안드로이드가 등장할 날도 얼마 남지 않았다는 생각이 든다. 그렇다면 AI는 인간을 대신해 윤리적 판단을 할 수 있을까?

AI의 윤리적 판단에 대해 알아보기 위해 '트롤리 문제(Trolley problem)'를 사용할 수 있다. 이 문제는 "열차가 선로를 따라 달려오고 있고 두 개의 선로로 갈 수 있으며, 당신의 손에는 열차의 방향을 바꿀 수 있는 선로 전환기가 있다"로 시작된다. 여기서 문제는 "한쪽 선로에는 다섯 명의 인부가 있고, 다른 쪽에는 한 명의 인부가 있다. 당신은 어느 쪽으로 열차를 보낼 것인가?"다. 이러한 문제에 AI는 어떤 선택을 할 것인가?

2018년 출시된 게임 〈디트로이트: 비컴 휴먼(Detroit: Become Human)〉에서 안드로이드가 집을 청소하던 중 읽게 되는 전자책에 '생명의 값(The price of life)'라는 내용이 나온다. 내용을 요약하면 자율주행차가 운전 중 두 보행자 중 한 명이 죽어야 할 사고가 발생하면, 보행자의 나이, 성별, 기대 수명, 결혼 여부, 고용 기록, 자녀 유무, 사회 기여도 등으로 가치를 평가하여, 가치가 낮은

쪽의 사람을 선택한다는 내용이다(RightBrain, n.d.). AI는 사람의 생명에 대한 가치 판단을 할 수 있을까?

화재 상황에서의 AI 판단과 책임

이러한 트롤리 문제를 소방에 적용하면 어떨까? 다수의 사람들을 피난 유도하는 시스템에 AI가 피난 경로를 판단해 제공해야 하는 경우가 있다.

한 경로는 위험이 낮지만 멀어 장애인이나 고령자의 이동에 지연이 생기고 이로 인해 희생이 발생할 수 있는 상황이다. 다른 경로는 위험이 높지만 경로가 짧아 장애인이나 고령자가 도달하기에는 쉽지만, 출구를 제시간에 통과하지 못하면 희생이 발생할 수 있다.

이러한 문제들에 대한 AI의 판단은 독자 여러분이 직접 알아보시길 바란다. 그러면서 AI에 선택받지 못해 위험에 빠질 본인을 상상해 보면 어떨까? 선택받지 못했다면, 우리는 AI를 개발한 회사, AI를 만든 개발자. 허가한 행정당국자, 이를 관리하는 관리자 중 누구 또는 어디에 책임을 물을 수 있을까?

다수의 행복을 위해 희생해야 한다는 공리주의적 판단 결과를 존중해야 하는가? 인간이 결정하기 어려운 문제이니 차라리 AI가 대신하는 게 낫다? 또 가치를 판단해서 결정한다면 생명의 가치를 비교 판단하는 것이 옳은가? 이러한 질문에 대한 답 또한 독자 여러분에게 맡기고 싶다.

AI 정렬과 결과의 책임

AI의 판단 오류를 최소화하고 인간 중심의 판단을 내리기 위해 'AI 정렬(AI Alignment)'이 도입되었다. AI 모델은 제작자의 목표와 시스템의 원래 의도에 부합하지 않는 편향되고 유해하며 부정확한 결과물을 생성할 수 있다. 정렬은 이러한 부작용을 줄이기 위해, 시스템이 예상대로 작동하고 인간의 가치와 목표에 부합하도록 하는 조치다.

이러한 AI 정렬로 AI가 인간에 유해한 판단을 하지 않도록 설계할 수 있다. 하지만 그 이전에 인간 사이의 여러 의견으로 합의가 어려운 상황에 대해, AI가 어떻게 대응해야 할지는 인간이 결정해야 할 것이다.

소방에서 사용되는 AI는 소방에서 제시되는 목적과 세부적 목표에 부합해야 한다. SFPE 백서 역시 AI 기반 화재안전 시스템 구현에, 공정성, 설명 가능성, 책임을 핵심 원칙으로 제시하고 있다. 이는 AI가 내리는 판단이 사회적으로 납득 가능해야 하며, 예측된 행동이 어떤 기준으로 이루어졌는지 설명 가능하고, 결과에 대한 책임 주체가 분명해야 한다는 점을 강조한다.

국가에서는 제도화를 통해 AI 결정이 초래한 결과에 대한 책임 소재를 명확하게 해야 할 것이다. 결과적으로 소방 분야의 AI는 공공안전의 윤리를 중심에 둬야 하며, 이는 기술의 구현 이전에 사회적 합의와 법적 장치로 보완돼야 한다.

참고문헌

동아일보(2024.3.29). "[IT강의실] 생성형 AI의 최대 난제, '할루시네이션'". https://www.donga.com/news/It/article/all/20240329/124227094/1

AhnLab(2025.2.11). "AI도 거짓말을 한다? 할루시네이션 문제와 해결법". https://www.ahnlab.com/ko/contents/content-center/35771

RightBrain LAB. "누구를 죽일 것인가? 인공지능과 트롤리 딜레마". https://blog.rightbrain.co.kr/?p=9003

BBC(2018.10.11). "성차별: 아마존, '여성차별' 논란 인공지능 채용 프로그램 폐기". https://www.bbc.com/korean/news-45820560

IBM(2024.10.18). "AI 정렬이란 무엇인가요?". https://www.ibm.com/kr-ko/think/topics/ai-alignment

10
AI와 소방 연구자, 엔지니어, 관리자 그리고 미래 소방인

AI는 이미 거의 모든 분야에서 변화를 만들고 있으며, 소방도 예외가 아니다. 대전환의 물결 속에 소방 분야에 있는 우리는 어떤 준비를 해야 할까? 세계적인 화재 분야의 전문가들은 이미 이에 대한 준비를 진행하고 있다.
이제 우리도 소방인으로 AI와의 공존을 위한 준비를 시작해야 한다.

종교와 AI?

소방 변화에 대한 전 세계적 관점의 준비

전 세계 소방 엔지니어, 화재 분야 연구자와 전문가들이 소속된 전문기관인 SFPE(Society of Fire Protection Engineers, 미국 소방기술인협회)는 산하기관인 SFPE 재단을 통해 2022년 국제 프로젝트인 SFPE GCI(Grand Challenges Initiative)를 출범하고, 디지털화(Digitalization), 인공지능(AI), 사이버 보안(Cyber Security)이라는 세 가지 핵심 주제로 향후 10년간 화재안전공학 분야의 전략적 대응 방향을 제시했다. 그리고 그 내용을 2023년 백서로 공개했다.

이 이니셔티브는 전 세계의 학계, 산업계, 연구기관의 전문가들이 참여하는 작업 그룹(Working Group)을 통해 운영되며, 화재 데이터 관리, 스마트 화재 모델링, 디지털 기반의 설계 · 점검 · 운영 · 유지관리(DIOM), 디지털화된 소방 및 피난, 그리고 이를 관통하는 윤리적 문제 등 다섯 가지 주제를 중심으로 연구와 실천 과제를 정리했다.

이들이 왜 이러한 작업을 수행했을까? 이는 AI와 디지털기기의 도입으로 인해 소방 분야에 큰 변화가 있을 것을 예측했기 때문이며, 전 세계의 많은 엔지니어, 연구자, 전문가 들이 동의하고 참가했다. 대한민국의 소방도 이러한 변화의 흐름에 합류하게 될 것이다.

이제 이러한 변화를 맞이하기 위해 연구자, 설계 · 시공 · 점검 엔지니어, 관리자, 교육자 그리고 미래 소방인들이 어떻게 대응해야 하는지 이야기해 보자.

AI 도입에 의한 소방 분야 직무의 변화

여기서는 소방관과 관련된 공적 부분을 다루지 않고 민간 부분 중심의 내용만 살폈다.

현재 소방 분야의 직무는 소방 설계, 시공 및 감리, 시설 점검, 유지관리, 소방 제품 개발 및 생산, 소방 컨설턴트 등이 있으며, 소방 분야 연구, 소방 교육, 제품 시험 인증 등으로 구분할 수 있다. 이러한 직무는 AI의 도입과 무관하게 없어지지 않고, 기존 직무를 재편하는 방향으로 변화할 가능성이 크다.

기존 직무에서 사라지는 직무는 단순, 반복, 수기 중심의 일이고, 생겨나는 직무는 데이터 해석, 디지털 도구 운용, AI 관리 및 검증과 관련된 일일 것이다. 특히 AI와 인간 사이의 협업에서 기술을 해석하고 관리하는 부분, 데이터 기반 위험 분석 결과를 통합 적용 관리하는 부분, AI가 낼 수 있는 오류나 윤리적 문제를 감시하고 검토하는 부분도 필요할 것이다.

각 분야의 변화를 간단하게 예상해 보자. 먼저 소방 설계 분야는 반복적 계산, 수치 검토, 법령 검토 등의 업무는 축소되고, BIM-AI를 연계한 설계와 시뮬레이션 기반의 성능 위주 설계의 역할이 더 커질 것이다. 설계는 법 규정에 더하여 과거 화재 발생 데이터 분석과 시뮬레이션에 의한 위험성 평가를 반영한 부분으로 확장할 것으로 예상된다.

또한 '제너레이티브 디자인(Generative design)' 기술의 응용도 고려해야 한다. 제너레이티브 디자인이란, 디자이너가 목표(안전성, 효율성 등), 제약 조건(법규, 공간, 비용 등), 자원을 입력하면 AI 알고리즘이 수많은 설계 대안을 자동 생성하고 평가해 최적 안을 제시하는 설계 방식이다(Autodesk, 2022).

이는 감지기나 스프링클러 설계, 피난 경로 최적화 등에 응용될 것이다. 시공 및 감리 분야에서는 현장 단순 확인이나 기록, 수기 기반 품질 검수, 현장 내 설계 변경 문제 협의 등의 업무가 드론과 로봇 기반 현장 관리, 3D 스캐닝 기술을 활용한 현장 기록, 시공 결과의 AI 분석 등으로 대체될 것이다.

시설 점검 및 유지관리 분야는 일정 중심의 수동적 점검, 수기 기록 관리에서 IoT 센서 기반의 실시간 원격 점검 및 상태 모니터링, 점검 결과에 대한 AI 분석으로 화재 시 발생 피해 예상 분석 보고서 생성으로 변화할 것이며, 소방시설 도면과 점검과 운용에 필요한 부분은 클라우드 기반 AI 지원 시스템으로 전환되어 점검자나 소방안전관리자를 보조하게 될 것이다. 이러한 관리 체계는 소방서의 행정을 담당하는 AI와 연결되어 관리 부실에 대한 행정적 조치도 받게 될 것으로 예상된다.

소방 제품의 개발과 생산 분야는 AI 적용 소방 제품의 증가로 지능형 제품 개발과 보급이 가속화될 것이다. 소방 제품은 전기나 기계 분야 모두 급격히 전자화와 IoT화가 진행될 것으로 판단되므로 네트워크 기반 운용 시스템을 개발하는 능력, 건물의 스마트 시스템과의 연동 개발 능력도 필요하게 될 것이다. 물론 사이버 보안에 대한 일정 지식도 요구될 것이다.

소방 연구 분야는 AI 기반 연구 기법이 상당 부분 도입되겠지만, 물리적 현상 기반 연구는 그 필요성이 유지될 것으로 보인다. 새로운 형태의 화재에 대한 현상 분석과 대응 방안 연구 등이 진행되는데, 기존의 지식 데이터베이스에 의존하는 AI의 적용은 부분적으로는 도움이 될 수 있으나 한계가 있다. 연구 분야는 연구 투명성, 설명 가능성 등이 강조될 것으로 보이며, 연구자 간 협력과 융

합이 더 강화되는 방향으로 변화될 것이다.

소방 교육과 제품 시험 인증 등의 분야는 일반적으로 예상되는 범위로 생략하기로 한다.

AI 시대, 소방인의 준비

이제 AI의 도입으로 변화할 시대에 소방 분야에서 기존 근무자들이 갖추어야 것에 대해 이야기해 보자. 먼저 하고 싶은 이야기는 적극 활용해 보라는 것이다. 챗GPT나 제미나이(Gemini) 등 현재 쉽게 접근 가능한 LLM 기반 AI를 업무와 일상에 적극 사용해 보자. 그리고 익숙해지면, 어렵지 않게 시대적 변화를 따라가고 있음을 느끼게 될 것이다.

10년 정도의 기간을 설정하고 변화에 대한 대응 역량을 이야기해 보자. 먼저 설계나 도면을 다루는 분야는 캐드(CAD)를 사용하는 기존 설계에서 BIM 기반 설계로 전환이 가속화될 것이므로 이에 대해 관심을 가지고 사용 능력을 키우는 것이 매우 중요하다. 또한 화재 및 피난 시뮬레이션과 기존 화재 데이터 기반 분석 결과를 적용해 설계 요소들을 결정하는 방식도 도입될 것이 예상된다.

시공, 감리, 점검, 유지관리 분야에서는 디지털 기반

기록의 채집, 보관, 전송 등이 도입되고 확대될 것이므로, 3D 영상 촬영, 3D스캐닝 운용 등의 능력을 필요로 하게 될 것이다. 이에 더해 로봇과 드론 사용 및 유지보수 능력이 요구될 것이다.

공통으로 요구되는 사항은 AI와 윤리 문제다. AI가 광범위하게 사용될 경우 이를 활용하고 통제하며, 결과를 해석하고 판단하는 디지털 문해력(Digital literacy)이 사용자에게 필요하게 된다.

물론 AI의 개발사에서 설명 가능성을 강화해야 할 것이다. 설명 가능한 AI(XAI, Explainable AI)란 사용자가 AI 모델이 왜 특정한 결정을 내렸고, 그 과정이 어떻게 이루어졌는지 이해할 수 있도록 돕는 기술과 설계 방식을 말한다(NVIDIA, 2022).

또한 올바른 윤리관과 도덕성도 필요하다. 소방은 생명과 안전에 직결되는 일을 처리하므로 늘 판단과 책임의 문제가 따르게 된다. 이는 법적 책임 소재로 연결되므로 AI의 판단 기준과 이를 사용하는 인간의 승인 기준은 문제 발생 시 중요한 쟁점으로 등장하게 될 것이다. 만약 인간 중심 판단이 배제되고 효율과 비용만 따지도록 AI를 사람이 조작한다면 그 결과는 대규모 피해로 돌아오게 될 수 있다.

소방 분야에 진출하고 싶은 미래 소방인들은 다음과 같은 부분을 준비하라고 말하고 싶다. 앞으로의 소방에는 AI 기반 작업과 검토가 확대될 것이다. 그러므로 디지털 문해력을 키우는 것이 매우 중요하다. 또한 본인이 진출하고 싶은 분야에서 요구될 기술적 역량을 갖추는 것도 필요하다.

참고문헌

Autodesk(2022.2.28). "제너레이티브 디자인(Generative Design)이란 무엇인가?". https://www.autodesk.com/kr/design-make/articles/what-is-generative-design

NVIDIA(2022.11.25). "설명 가능한 인공지능(Explainable AI)이란?". https://developer.nvidia.com/ko-kr/blog/설명-가능한-인공지능explainable-ai이란/

김종훈

오산대학교 소방안전관리과 조교수다. 주로 화재 피난 시뮬레이션, 화재 피난 실험, 첨단 기술 소방 분야 적용을 연구해 왔으며, 최근에는 AI 기반 대리 화재 모델링(AI-Based Surrogate Fire Modeling)과 ESS(Energy Storage System, 에너지저장장치), 전기차 화재 대응 등 배터리 화재에 대한 연구를 진행 중이다. 국제표준화기구(ISO) TC92 SC4 WG13 '능동 소방 시스템(Active Fire Protection System)'의 의장으로 활동 중이며 국제화재안전표준의 수립에 힘을 보탰고, SFPE(소방기술인협회)의 멤버로서 한국지회 총무를 맡고 있다. 또한 강원특별자치도 소방본부 성능위주설계평가단 심의단장으로 정책 및 실무 분야에서 활동하고 있다.